宗喀巴大师画传

拉科·益西多杰 撰文
李宝洲等 绘画

青海人民出版社

图书在版编目（CIP）数据

宗喀巴大师画传 / 拉科·益西多杰撰文. -- 西宁：青海人民出版社, 2015.8（2017.10重印）
ISBN 978-7-225-05011-9

Ⅰ. ①宗… Ⅱ. ①拉… Ⅲ. ①宗喀巴（1357 ~ 1419）—传记—画册 Ⅳ. ①B949.92-64

中国版本图书馆CIP数据核字(2015)第212393号

宗喀巴大师画传

拉科·益西多杰　撰文

李宝洲等　绘画

出 版 人　樊原成
出版发行　青海人民出版社有限责任公司
西宁市城西区五四西路71号
邮政编码：810023　电话：（0971）6143426（总编室）
发行热线　（0971）6143516 / 6137730
网　　址　http://www.qhrmcbs.com
印　　刷　陕西龙山海天艺术印务有限公司
经　　销　新华书店
开　　本　787 mm × 1092 mm　1/16
印　　张　11
字　　数　100千
版　　次　2015年9月第1版　2017年10月第2次印刷
书　　号　ISBN 978-7-225-05011-9
定　　价　38.00元

宗喀巴大师自画像（藏于民和回族土族自治县卡地卡哇寺）

དམིགས་མེད་བརྩེ་བའི་གཏེར་ཆེན་སྤྱན་རས་གཟིགས།།
དྲི་མེད་མཁྱེན་པའི་དབང་པོ་འཇམ་པའི་དབྱངས།།
བདུད་དཔུང་མ་ལུས་འཇོམས་མཛད་གསང་བའི་བདག།
གངས་ཅན་མཁས་པའི་གཙུག་རྒྱན་ཙོང་ཁ་པ།།
བློ་བཟང་གྲགས་པའི་ཞབས་ལ་གསོལ་བ་འདེབས།།

无缘悲藏观自在
无垢智王微妙音
尽摧魔军秘密主
雪域智严宗喀巴
启白善慧名称足

前　言

宗喀巴大师是以文殊菩萨的化身转生于雪域东部宗喀地方的一代宗师，为格鲁派始祖。他以无量的智慧、渊博的知识及披肝沥胆的精神振兴雪域颓败的佛教，引导雪域众生走上正法之道，让他们从农奴社会中逐步解脱出来，获得人身自由。他的这个美好愿望受到了西藏地方政权的执政者、一些“宗”（相当于县一级地方组织机构）的“宗本”以及广大僧俗的欢迎和支持。广大僧俗认为他是佛陀再世，因此又被尊称为“第二佛陀”。他的一些高足和别派的许多高僧亦对其产生了无比的崇信和敬仰之情，纷纷为他著书立传，讴歌他的功德，因而出现了各种版本的传记或密传。就笔者所见到的传记种类就有27种，其中一位名叫桑桑乃仁巴奇美的高僧先后撰出过三种不同的传记，《噶丹教法史》中也都收有大师的传记，另外一些人物传记中也收有大师不同版本的传记。

2013～2014年，湟中县画师李宝洲等根据北京故宫博物院珍藏的一幅唐卡绘制了大师传奇的一生，其背景描绘的是青海的山山水水等美好风光，技法则采用了唐卡、国画、装饰画等元素。这套绘画引起了笔者撰写大师传略的极大兴趣，经与画师商议后定书名为《宗喀巴大师画传》。撰稿过程中，笔者参考了大量的藏文传记和寺院志书，其中有克珠杰·格列白桑所著《宗喀巴大师传·起信津梁》、荣增·益喜坚赞所著《三界法王——宗喀巴大师传》、久美·柔白多杰所著《蒙古佛教源流》等相关著作中有关大师的记载部分。另外，还综合了土观·罗桑却吉尼玛所著《土观宗教源流史》藏汉文本，罗桑赤列南杰所著《怙主宗喀巴大师广传》藏汉文本，嘉木样·官却晋美旺波所著《塔尔寺志·珍珠鬘》，才旦夏茸著《夏琼寺志》，马学良、恰白·次旦平措、佟锦华主编的《藏族文学史》（下册）等重要资料。撰写时，为了能使不同文化层次的读者阅读，笔者除佛教专有名词外尽量以通俗易懂的白话文行文。文内出现的地名、寺名、重要人物名等多旁附藏文原文，以便懂藏文者参阅。已约定俗成的地名、人名、寺名未能意译，因为意译会导致理解上的不便，如大师的启蒙上师只能音译为“端智仁钦”或“顿珠仁青”等，再在法名前加上“法王”二字，就比较清楚了。要是按意译译成“义成宝”，那谁也不知道是哪位“义成宝”，因为藏族同一名者比比皆是。例如“宗哲僧格”意译为“勤进狮子”，这在藏区很常见，但为了让人们一看就能知道是哪位“宗哲僧格”，就得在法名前冠上“邬玛巴”三字，于是就成了“邬玛巴·宗哲僧格”，有一点佛教知识的人一看便知道指的是宗喀巴大师的精通“中观论”的上师，若仅采用意译则让人摸不着头脑了。另外，本书内佛教习惯用语较多，笔者未作专门注释，只是在文内以引号和括号的形式就地解决。文中涉及到的大小寺院50余处，为了让读者有一个明晰的了解，笔者将一些较有名气的大中寺院用几句话作了简述，一些小寺，或原来有但现已不复存在的寺院则未作介绍。另外，本人为使这位佛教色彩过浓的人物有点生动且生活化的一面，又搜集了部分有关大师在民间的传说予以补充。此外，对宗喀巴大师的个别上师和亲炙弟子特作了考证，如邬玛巴·宗哲僧格上师，其密宗号为“华沃多杰”，一些传记中将此师当作康巴人，但经考证后，实为安多宗喀西宁人；大师后期八大弟子中的道丹·绛白嘉措，实为宗喀湟中坡家人，比大师年长一岁。书中另有多处以梦幻奇景说明一些哲理的篇章，甚至有文殊本尊现身说法的情节，但因宗喀巴大师已是一位被神化了的佛教界领袖人物，出现上述现象也就不足为奇了。

关于书稿中所插宗喀巴大师生平简介的绘画，主要是由湟中县共和镇木场村的李宝洲、李伟春父子二人为主绘，塔尔寺拓然巴·尖参公保做指导共同完成。李宝洲自幼酷爱书画，长期临摹学习传统笔墨，重视写生，擅长花鸟、人物、山水画，其作品多次在省内外展览，在各种报纸杂志上发表并获奖，倍受褒奖。其个人获得了青海省民间工艺美术大师荣誉称号，省级非物质文化遗产项目湟中壁画代表性传承人，是湟中美协、书协副主席，湟中“八瓣莲花”壁画副会长。其作品被新疆、甘肃、宁夏、北京等地的有关单位和个人收藏。

拉科·益西多杰

乙未年，藏历木羊年（2015年）元月　西宁古城

目 录

一、超轮回几转佛身　立宏愿降临宗喀

三界法王宗喀巴大师，在许多佛典、传记中有多次转生为佛、菩萨、阿罗汉和班智达的记载，如曾转生为龙种最胜如来、胜解极喜藏如来、至尊文殊菩萨、大志菩萨、宝贤菩萨和佛世尊莲座前供养白晶珠鬘而发心的童子、比丘乃丹、阿罗汉、优婆离、阿罗汉近隐、莲花生大师、卓弥大师、阿底峡尊者，克什米尔班智达玛底贝扎、塔波拉杰等。宗喀巴大师为弘扬佛教正法做了难以估量的事业，是多次证得“双运果位”的圣者。在转生雪域东部宗喀之前，他不是一般的世俗凡夫，而是一位圆满证得断证功德的大德，名叫比丘白玛乃丹。

一次，王顶如来在几百大德举行的僧伽法会中，向在场的诸大德以狮子吼的声音问道：“诸位菩萨中谁能于无数不净的浊世中不畏艰难困苦，甚至不惜生命地作弘扬甚深中观道与金刚乘相结合的正法妙道，即成为诸菩萨的伟大航海中最卓越、最尊胜者。”此时此刻，与白玛大德同一心识的大菩萨勇气倍增，即刻从僧伽法会中起身，以无畏无惧洪亮的声音宣誓道：“从现在开始，我愿不顾性命，在不净世俗中弘扬中观道与金刚乘相结合的正法妙道！”王顶如来等一切诸佛听后同声赞颂道：“善哉！汝是大志菩萨。”从此以后，十方一切佛土中普遍传称这位与宗喀巴大师同一心识的大菩萨为“大志菩萨”。随之王顶如来从身中放出无量光明，面显微笑地说道：“如汝所立誓言，从现在起，汝在无数浊世中弘扬显密正

佛陀为宗喀巴大师的未来作了预言："于无数浊世中弘扬显密正法，复兴佛教，最后在稀有殊胜的刹土中成佛……"

法，复兴佛教，最后在稀有殊胜的刹土中成佛，名狮子吼如来。"

对此，在文殊菩萨所作《授记明镜》中说："于灵鹫山中佛世尊金刚法座前，无热恼龙王以海螺供于佛前，暂时作法螺用。后来佛世尊同众菩萨前往克什米尔时，佛对阿难说，现在的弟子名比丘白玛乃丹，未来于卫藏赤色疆土中成为比丘，名罗桑扎巴，该比丘能在藏地弘扬般若波罗蜜多与显密相结合的教法。”佛命阿难持无热恼龙王献的法螺前往藏土卓日沃山中，藏于秘密的地方，让那里的财宝神中的护法神守护，到时即会有人掘出。这里所说的卓日沃山，就是今天拉萨东南方向的卓日旺古山，这里有宗喀巴师徒兴建的本宗派祖寺——噶丹寺。此预言为在藏区兴起格鲁派、弘扬显密正法、教化芸芸众生埋下了伏笔。

又有秘密主的悬记中作偈句道：

羯摩金刚持密子
往昔与你常亲近
罗桑扎巴此贤人
彼是诸佛之化身
几受班智达之身
宣讲显密教义明
迅速成佛作决定
印度华夏尼泊尔
卫藏多康诸方域
彼皆前往去受生
引导众生解脱道
至尊文殊是本尊
妙音佛母作业印
唯一决定证菩提
集会徒众皆称圣

诸如此类预言，在嘉木样一世活佛著的《噶丹教法史》中有解释说：“具德阿底峡尊者倡建噶当派教法，复分现许多化身，其中最主要的化身毫不染习八风之繁扰，唯依兀贪的代缘为生的宗喀巴大师出现于世。由大师事业之力，使四方有缘众生——汉、藏、蒙古诸人士都纷纷前来归于其教法之下，尤其他举行祈愿大法会时，在释迦双尊像前愿百劫中常兴供养会海。”

在《莲花生遗教》中也说：

文殊化身教法主
罗桑扎巴持显密
弘扬显密经八代
此师逝后弥勒前
一生成佛继传承
自然大劫出现中
证得罗汉定无疑

诸如上述之类的预言，在一些佛教史、传记、遗教等文字中皆有大同小异的记述。总而言之，三界法王宗喀巴大师在佛菩萨尊前立下誓言，乘愿前往雪域，转生于宗喀地方，以文殊之化身、比丘僧之身份，出现于卫、藏、康、安多宗喀等地，依佛教显密正法，教化有情众生，使众生产生出离心、菩提心。

二、显奇梦母怀六甲　五台山文殊化身

藏历火猴年（1356年，元顺帝至正十六年），白玛乃丹以文殊菩萨的化身乘愿来到雪域东部多麦地方的宗喀，欲选母投胎。就在此时，牧居在宗喀耶摩塘（今青海湟中黄树湾）的鲁本格·勒巴端智做了一个奇梦，梦见一位大德高僧身着一件有很多花鬘严饰的法衣，系着像三十三天界的树叶一般的黄绫僧裙，来到他面前对他说："我是从内地五台山来的，想向你借一处住所。"说着便进了他家的佛堂。鲁本格心想："自己平时一心专诵《文殊真实名称经》，那高僧莫不是文殊菩萨的化身降临？"继而又梦见从金刚刹土飞来一光焰炽盛的黄金金刚杵入于妻子的怀中，他想："这是金刚手菩萨的法器，贤妻莫不是要生一个不同寻常的男孩？"就在同一时间，大师之母香萨阿曲也做了一个奇梦：在一鲜花盛开的草坪上，许多穿着各式服装的女人在那里排成一长队，她自己也在其中。这时，只见从东面来了一位面容白净俊秀的善童子，双手捧着一个晶莹的净水瓶；西面来了一位身穿红绸衣的少女，她右手持一束孔雀翎，左手拿着一面大明镜。童子和少女走到一起低声商量了一会儿，然后那童子指着列队中的女人，一一向少女问道："你看这位怎么样？那位可以吗？"少女摇着头对所指女人均一一说出了她们不合适的理由。最后童子指着香萨阿曲向少女问道："这位如何？"少女满面笑容地说道："可以。"于是童子向香萨阿曲说："请您沐浴吧。"并将净瓶中甘露之水倾注于她的头上，口中念诵"如佛降生时"等偈句，对其进行了沐浴。这时香萨阿曲感到身垢全

净，乐意盎然。那位善童子正是观音菩萨的化身，而那位少女则是度母的化身，他二位是受命为宗喀巴选择投胎转生父母而来的。鲁本格与香萨阿曲从梦中醒来后，顿时感觉到神志清明，身心安乐。居住在鲁本格家周围的乡里邻舍也都做了奇梦，梦中见到许多僧人从西藏大昭寺迎请释迦牟尼像到宗喀鲁本格家中，同时还看见日、月、星一并出现在他家上空。次日天明，空中降下天雨瑞花，异香遍地，天乐自鸣，大地微动，这一系列不可思议的现象令乡亲们皆感到惊叹不已。

翌年，即藏历火鸡年（1357年，元顺帝至正十七年）阴历正月初十日夜间，大师之母又做了一个奇梦：她突然看见空中云端显出一尊如须弥山一般高大的金身，金光四射，伴随悠扬美妙的佛乐，侍童侍女环绕着金身自上空徐徐而降。金身越降越小，待降到她的头顶时，仅成为五寸大小，

大师的父亲鲁本格与母亲香萨阿曲都是六根清净、精勤于善业之人。

继而进入她的体内，那些侍童侍女也随之进入。醒后全身有难以言表的乐感，这时她怀上了六甲。因香萨阿曲是一位慈祥贤惠、六根清净、崇信佛法、时常煨桑顶礼佛宝、口诵六字真言、完全勤精于善业、远离一切过失的藏族妇女，所以文殊菩萨的化身选定了她为投胎对象。自此，香萨依梦境和自身的感受，觉悟到她怀的非一般凡夫俗子，于是她更加殷勤地珍摄自身、清除秽气、谨守梵洁。

怀胎十月以后，临盆的前几天，她家的一头犏牛总是离群跑到莲花山湾里吃草，香萨几次从这里赶了回去。有一天晚上，那头犏牛又不见了。次日东方刚发白时，香萨又来赶牛，犏牛草足水饱后卧在山脚下的草地上，怎么赶都赶不动。这时，香萨感到腹部有点不适，隐隐作痛，不一会儿，天空撒下天雨瑞花，空中佛乐悦耳，青草散发异香，一个可爱的圣童降生于人间，这天正是藏历火鸡年（1357年）阴历十月初十日。大师的入胎和出世都是农历十月初十日，但在有的传记中记载为农历十月二十五日，其实大师的涅槃日为农历十月二十五日。在有的有关大师的传记中说："他在母胎中受到自显慧所成的庄严无量宫殿的加持，同时作利益成熟许多殊胜有情的事业而安住于胎中，诞生时，不是从胎门而出，而是开启其母胸间之黄门而诞生。"由于圣童是至尊文殊菩萨的化身，降生后由诸天童子以手捧持，天女以智慧甘露沐浴其身，清除一切胎秽，并用孔雀翎拂拭，然后唱起了梵语的赞歌。这时，护持善法的天龙神众以遍满虚空的供品作供养。

以上记述显然说明了宗喀巴大师的诞生也如佛陀出世时一般，出现了吉祥瑞兆。刚出生的圣童果然相貌出众，肌肤洁白如睡莲，顶圆如伞盖，天庭饱满，眉清目秀，鼻丰而高隆，双耳垂肩，身圆膀宽，四肢舒展修长，唇红齿白，耳聪目明，凡圣者之三十二大丈夫相和佛身八十种随好无不具备。

圣童降生的地方是宗喀的中心地段，这里所说的"宗喀"，是藏语古

香萨阿曲感到腹部不适，不一会儿，伴随种种祥瑞，一个可爱的圣童降临人间。

地名，何时缘起无考。有人说是宗喀德康（ཙོང་ཁ་བདེ་ཁམས）的简称，其实宗喀德康是安多或多麦的总称，耶摩塘是安多的古地名，并非安多地区的某一地名。宗喀在一些藏文史料中一般有两种解释：其一，宗喀是宗拉让莫（ཙོང་ལ་རིང་མོ）（俗称拉吉雪山）和宗喀杰日（ཙོང་ཁ་སྐྱེས་རི）（俗称小积石山）的合称；其二，宗喀为宗曲两岸广大平川、山地、峡谷的总称，宗曲译成汉语为湟水，湟水流域称河湟地区，宗喀和河湟指的是同一地理范围的藏汉两种不同名称。有人认为宗喀巴大师诞生在湟中，仅仅将湟中称为宗喀，这是狭义的说法。

宗喀巴大师的父亲鲁本格·勒巴端智为宗喀隆本部落松木石（又称俄西，即今之湟中县共和镇松木石村）朗珠家族人，族姓玛尔氏，鲁本格一家以放牧为主，家族比较殷实。鲁本格是元代的一名地方官。母亲香萨阿曲出生于隆本部落索尔吉村（即今之共和镇索尔吉村）藏族索姓家中，对此另有一说：香萨阿曲认了索尔吉村索姓家主为义父，故称索家人是香萨阿曲的娘家人，也即宗喀巴大师的“娘外家”。当时，宗喀地区除宗曲流域一带被开垦为良田外，其周围山区为森林覆盖、水草丰美的牧业区。鲁本格夫妇共生有五子一女：长子邹多贤（གཙུག་ཏོག་བྱམས）、次子才宝（ཚེ་པོ）、三子才旺嘉（ཚེ་དབང་རྒྱལ）、女儿（名不详）、四子贡嘎宁波（ཀུན་དགའ་སྙིང་པོ）即圣童、五子洛丹（བློ་བརྟན）。当香萨阿曲身怀圣童之时，他们一家在莲花山之西的黄树湾一带放牧，圣童诞生后，举家迁至今塔尔寺西山——拉泽夏东的山脚下（今菩提大白塔的地方），搭起新帐篷住了下来。新扎的帐篷在藏语中称“རུ་གསར”（汝沙尔），汉语称“新窝子”“新牧地”。后来稍有音变之故，将“汝沙尔”称为“鲁沙尔”了，变成了这一地区的地名，即今湟中县人民政府所在地鲁沙尔镇。后来在汝沙尔的左侧，建成一座四门塔，将大师父母做饭用过的铜锅等灶具当作圣物装藏于这座塔中。

三、莲花山瑞云呈祥　十善地孕育圣童

宗喀巴大师诞生地的四周被八座平缓而形似莲瓣的山峰环抱，地呈八谷仰卧式，似八瓣盛开的莲花，故称宗喀莲花山。当你站立高处的任何方向，视地观天，你会发现，地如八瓣莲，天呈八辐轮，这是法轮常转、妙谛永存的象征。远处八座山峰各异：形如伞盖的夏嘎日山，状如金鱼的牛心山，形似妙瓶的天女山，形如莲花的西弥山，形似宝幢的贡波扎那山，形如法轮的杰日年波山，形似吉祥结的杰吉陀拉山，形似海螺的宁（娘）日山，这八座山分别代表了藏族的八种吉祥物，俗称“八宝”。精于地舆学的佛学家将莲花山四周用道家的青龙、白虎、朱雀、玄武四方位神来表示：曲嘎尔塘（帐房台白水滩）的僧曲河由西向莲花山方向流下来，蜿蜒如龙，称南方青龙；平安夏宗之西的红崖山形如一只灰白蹲虎，虎口大张似在咆哮，姿势雄伟，叫东方白虎；西弥山（南朔山）红崖隆起，远望犹如一只火红的大鸟，是为西方朱雀；巴喀泉迤北之隆本地方土色青黑，谓之北方玄武。四周山崖上自然显现的弥勒、莲花生、无量光佛等几尊佛像更加烘托了宗喀莲花山的神圣。宗喀巴大师降生时，不但选择了六根清净的父母，亦选择了这块风水俱佳、物华天宝的圣地。

宗喀巴大师的启蒙上师法王端智仁钦，他是热贡地方（今青海黄南藏族自治州同仁县夏卜浪）人（1309～1385年），早年入卫藏，先后在聂塘极乐寺、纳塘寺、夏鲁寺等寺院中广参名师，修学显密经论，曾立宗辩经，雄辩众僧，被夏鲁寺住持布敦·仁钦朱大师赞誉为“东方理论大雄”。在卫藏二十余年，博通显密，返回故乡后，曾在八思巴大师倡建的噶丹群佩林寺（俗称香根寺，在今甘肃临夏）担任法台。后又应邀入藏深造，并事师多丹巴·曲杰山丹一度苦修密法获得证悟。火牛年（1337年），拜纳塘寺住持钦·罗桑扎巴为师，进一步系统地学习显密教义。学习圆满后，上师命他返回安多建寺弘法，并授记说：“你的修行地和法缘都在安多名叫夏卜浪和夏琼（在化隆查普）的地方，你且将夏琼作为根本道场，到时候将会有很多弟子，其中有一位无与伦比的殊胜弟子，乃文殊的化身，此人出家时，将我的法名罗桑扎巴赐予他。”

端智仁钦返回故乡时，已是一位满腹经纶且具神通的高僧。到夏卜浪后，与其侄释迦桑波一起在热贡一带讲经弘法，同时集资创建了几座小寺。金蛇年（1341年），叔侄二人在自己的村庄建成了夏卜浪寺，又称夏章寺。端智仁钦自己任住持，释迦桑波任管家，设般若、因明二教程，亲自讲授《慈氏论》《喜金刚续》《入行论》等显密经典。数年后，端智仁钦认为按上师的预言，自己的夙愿尚未完全实现，遂将夏章寺交付于释迦桑波主持管理，自己用一匹骡子驮上经典及行装，带领几名弟子逆黄河沿岸而上，一面走一面打听名叫夏琼的地方。后来他们一行到尖扎昂拉地方，一牧人将在隆务峡捡到的一块黄金献给端智仁钦，于是他用这块黄金作资金，在昂拉建成赛康寺。

据说，有一天一位老妇人正在晒粮食，突见北面山顶乌云密布，便面带怒色地对家人说：“赶快把粮食收起来，夏琼那面黑云翻滚，马上就要下雨了！”端智仁钦耳中听见“夏琼”二字，赶忙向老妇人问道：“请问夏琼在哪儿？”老妇人气冲冲地用“期克手印”（西藏佛教徒的一种恐吓手势）指着说：“干什么？那不是嘛！”原来这位老妇人是忿怒佛母的化身。端智仁钦师徒来到河边，只见黄河水上涨，波涛滚滚，上师用神通法力在河上结了一座不宽的冰桥，师徒这才过河去了夏琼。另有一种传说：一天，端智仁钦向一位老人打听名叫夏琼的地方，经老人指点，只见黄河北岸有一座形如展翅欲飞的大鹏鸟的山，大鹏在藏语中称“夏琼”，此名正好应了上师所预言的地名。端智仁钦急于过河建寺，这时正值农历六月天气，黄河水上涨，河上既无桥又无船只，一时无法渡过。由于焦虑过度，每天问近侍僧人：“河上结冰了没有？”近侍僧们都感到上师想过河想疯了，明明是六月暑天，怎么会结冰呢？有一天，上师又如此地问，由于问了太多遍，近侍僧随口答道：“河上结冰了。”上师说：“结冰了就好，我们可以过河了。”说罢起身拉上骡子前行，几位弟子提心吊胆地跟在后面。谁知到河边一看，河上果然结了一个不太宽的冰桥，上师大喜过望，立即牵着骡子走上冰桥，弟子们也紧随其后，只见他们师徒向前走一段，后面的冰桥便消失一段，待他们一行过了河，冰桥也全部消失了。

端智仁钦师徒一行来到夏琼山，在山后的草地上先住了下来，开始筹划建寺。一天，驮行李和经书的骡子不见了，待他们寻到夏琼山前一看，骡子草饱水足后竟卧在一平地上，怎么赶也赶不起来，上师遂择这块平地为建寺基地，于土牛年（1349年）初建护法殿和大佛殿主体建筑，后经扩建，初具规模。因寺院建在大鹏之右肩上，遂以夏琼山名取寺名为夏琼寺，这就是后来宗喀巴大师出家受戒学经的启蒙寺院。当时端智仁钦主持寺院教务，寺僧一度发展到三百余人。这时，法王还是噶当派高僧，寺院也属于噶当派的法苑。后来宗喀巴在卫藏建寺创派后，夏琼寺遂改宗为格鲁派。

夏琼寺建成后，端智仁钦收徒讲经几年，辗转来到湟中曲嘎尔塘（今称静房寺）的一崖洞中，一面修持大威德金刚法，一面恭候圣童的降生。据传，上师在此修行期间，魔障作祟，修行洞顶一块巨石裂缝下坠，法王用神通降伏魔鬼，用两只手托着下坠的巨石，双手陷进巨石，留下了一双清晰的掌印。巨石掌印至今犹存，被佛灯和线香熏得黄黑。

火鸡年（1357年）阴历十月初十黎明时分，一道红光映入洞中，法王凭神通灵感得知他盼望已久的佛教圣人诞生了。当即用糌粑和甘露做成食

塔尔寺——宗喀巴大师诞生之地

子、甘露药丸，用红绸做成护身金刚结，将加持过的大威德金刚像及护理圣童的说明书等一并交给一位具戒近侍僧，令其送至圣童家中。不久，法王应邀来到莲花山圣童家中，为圣童敬献珍贵哈达、护身结，并沐浴加持了圣童，给圣童父母赐赠厚礼，善结法缘，要求圣童的父母做好孩子的护身清洁及保护工作。最后请求鲁本格夫妇同意以后将孩子交由他培养教育，圣童的父母答应了这一请求。法王在莲花圣地转悠时，用手杖在一块青黑色的怪石上戳了几个洞，并用赤脚踩了一下，在石上留下了小洞和足印，当塔尔寺建成后，这块石被视为圣物，供奉于文殊菩萨殿内，至今供信仰者观瞻，石上贴满了钱币。

圣童3岁时，已显露出与一般孩子不同的气质，如圣童垒塔、踩石留下足印等。当时，卫藏噶玛噶举派第四世活佛噶玛巴·若贝多杰（1340～1383年）正应元顺帝之召赶赴大都途中，因他在故乡时，曾梦见宗喀地区出生了一位不同寻常的圣人，还梦见其父母前来拜访他。因此，乘赴京之机，噶玛巴活佛于土猪年（1359年）途经安多宗喀时也到莲花山察看。后噶玛巴活佛到夏宗寺在石窟中住修，法王端智仁钦得知这一消息后，催促圣童父母带圣童到夏宗寺拜见他，噶玛巴活佛一见孩子的圣容，高兴地授

噶玛巴活佛梦见宗喀巴的父母来拜访他

噶玛巴活佛为 3 岁的宗喀巴授近事戒

记道："这孩子将会成为世界第二佛陀。"又说："在他出生时剪断脐带有股红甘露滴在地上，渗入土中，从那里将会生出一株神奇的菩提树，叶上会显佛像。"之后，噶玛活佛在殿内释迦牟尼佛像前作盛大供养，点燃佛灯，在佛像前为3岁的圣童授了近事戒（即居士戒），取名贡噶宁布，意为“遍喜藏”。活佛将落发交给该寺的一位僧人，说：“将此发撒在山崖上，会生出旃檀树来。”那僧人却说：“长出柏香树，芳香将会洒满人间。”后来果然在夏宗寺的山顶长出了几株柏香树。曾有人作诗赞道：“脐血滴处旃檀香，落发噶丹翠柏芳。”“文革”时期，因有人将几株古柏偷伐，现只留悬崖峭壁上的一棵，扎根于崖土中，枝头傲视天空，芳香洒满人间。

启蒙师为圣童作密宗灌顶

圣童受近事戒后，便随父母迁居静房寺下面的草地上扎帐居住，好让孩子在那里从师学经。端智仁钦上师仍在静房住修，圣童有时跟上师学习藏文拼读及口诵经文，因为文殊的化身，其慧根早发，念诵经文时，只领读一遍，即会流利复诵，一字不差。7岁时，法王从静房去了夏琼寺，父亲也将他送至夏琼寺，交给法王端智仁钦培养。授沙弥戒前，上师在夏琼寺密宗佛殿中设胜乐金刚、时轮金刚、密集金刚等坛城，让圣童进入坛城进行密宗灌顶，取密号为“端月多杰”，意为“不空金刚”。

四、小圣童慧性超群　离世俗遁入佛门

圣童7岁时在夏琼寺正式出家为僧，当时为其授戒的上师有两位，一位即是法王端智仁钦，另一位则是尖扎古哇寺的活佛，法号古哇·宣努相曲沃赛，为萨迦派喇嘛。法王任轨范师，古哇任屏教师，在僧众前法王为他剃发，举行授戒仪式，取法号“罗桑扎巴”，安多藏语为“罗桑智华”，意为“善慧称”。因法王是噶当派高僧，罗桑扎巴自然也就成了噶当派僧人。从此，他开始了漫长的僧侣生涯。一天到晚的学经生活对一个7岁的孩子来说是件苦事，但他毫无怨言，依旧按上师指定的课程而学。可有一次，他在学经之后感到有点困乏，就放下经卷玩了一会儿，这竟被上师发现，还给了他一巴掌，自尊心极强的他跑到夏琼寺后山的柏树林去了。之后上师派一近侍喇嘛去察看他的动静，喇嘛回来说：“起初他脸贴地面，两手抓地，哭得很伤心，一会儿便坐了起来，用袈裟擦去眼泪，开始捡小石子，用许多小石子里里外外摆了好几层圆圈，然后坐在中间，用手一一触摸小石子，似在摩顶，摩完后又摆出讲经的姿势。”上师听后高兴地说：“缘起甚善。”于是让喇嘛将他领了回来，给他传授了《金刚界顶最胜吉祥》《法界语灌顶》《五部陀罗尼》《金刚手大论》等密乘教法，还在寺内悬崖处盖了一间简易茅屋，让他住于此专心修习显密教法。圣童在修习显密教法时，主要是不断地念诵文殊五字心咒，即“阿、拉、巴、杂、呐”五字咒言。经过了一段时间，师徒二人发现修行茅屋的内外墙壁上到处自现了许多佛身像和阿、拉、巴、杂、呐藏文心咒及文殊智慧

7 岁的宗喀巴向石子摩顶并学讲经

剑等图案，这是他在夏琼寺修习密法时出现的一种奇迹。从7岁起直至入藏前的近十年间，圣童从启蒙上师处学习藏文经典，在显宗经论、密宗仪轨等方面打下了比较坚实的基础。

在法王上师的鼓励下，16岁那年，他决心赴卫藏深造。上师赐给他一些顺缘财物，并特设会供轮，祈祷空行护法神护佑。当法王将手中的青稞粒放到曼扎上时，青稞粒瞬间变成了一颗颗闪闪发光的珍宝形状，法王见

启蒙师为大师传授显密经论

这罕有的情景后高兴地预言道："你将会成为佛教的主宰。"这与噶玛巴活佛所说的"他将会成为第二佛陀"的预言是一致的。临行前，母子泪别，母亲又给了他一些用烧热的石子烙的干粮作盘缠。后来人们为了表示怀念之情，也用烧热的石子烙干粮吃，俗称"麻干粮"，这种习俗在宗喀一带至今流行。同样，他与上师难舍难分，师父嘱咐他一路上口诵《文殊真实名称经》，并将文殊和智慧怙主六臂明王两位本尊授予他，又明示他道："保护你不受任何侵害的本尊是金刚手大轮，让你生起智慧的本尊是文殊及‘阿、拉、巴、杂、呐’心咒，令你延年益寿的本尊是无量寿佛，使你成就顺缘（生活用费）的本尊是多闻天王，在遇到人、非人等的灾害时救护你并使你成就悉地成果的本尊是智慧怙主六臂明王。以上诸本尊也是我的本尊，现在我传授予你，切记每当你闭关修持这些本尊时，一定供献朵玛（食子）！”

罗桑扎巴将上师的嘱咐一一记于心中。他口诵经文向前行走之际，突然思念上师，泪水泉涌，欲回头向上师站的方向看一眼时，口中正好念及“不还不复来”一句，他就再也没有往后看。在两位舅舅和赴藏商客的

宗喀巴大师一行从夏琼寺起身前往卫藏

陪同下，他与止贡梯寺来迎他的丹玛·仁钦贝一起朝卫藏方向走去。后来宗喀巴大师曾对别人说过这事，认为这就是他再也不能回故乡的缘起。

宗喀巴大师入藏后，法王上师将其住修过的茅屋改建为妙音菩萨殿，这座殿就在夏琼寺右侧的悬崖处，与弥勒望河殿相临，至今殿内的供养及供灯不断，大师住修处设一床榻，其上铺设有黄缎做成的褥子。殿内向里是崖洞，崖洞前建有木结构殿堂。因为此殿在悬崖之上，十分险要，现在寺院在其前沿处架设防护栏杆，每天到这里朝礼的信徒、信民依旧络绎不绝。

五、舍故乡赴藏深造　广参师闻思正法

宗喀巴大师一行离开夏琼寺，经雄先（化隆地名）、海南兴海地区的智嘎哲宗（བྲག་དཀར་སྤྲེལ་རྫོང),译为“白崖猴寨”，这是安多地区四大宗之一，也是安多藏族的发祥地。宗喀巴大师在这里转山朝礼时，走上山坡边走边念《佛说文殊师利一百零八名称梵赞》，到达山垭豁时正好诵出“佛法吉祥”的句子，并靠在崖边歇息。后来人们称这山坡为吉祥坡，坡上留有大师的法座，正是其休息过的地方，崖壁上还留下了他的僧帽和背架的印迹。

从兴海进入贵德，在这里朝礼了吐蕃时期的木雅（安多语称“米娘”或“米纳”）大塔和由萨迦班智达倡建的珍珠寺。朝礼转山后，大师一行向东南方向进入康区，即人们平时所称的西康地区（今之阿坝和甘孜藏族自治州），在中康地区一户藏族人家打尖休息时，这家的年轻妇女和姑娘见大师身上背着一个木制背架，背架里还装着经书和木碗等，就讥笑他那背架像个鸟儿玩耍的架子。当大师吃完糌粑糊后，用舌舔木碗时，她们又讥笑他太窝囊，还说该把木碗也吞下去。大师听后严肃地说：“你们总有一天会明白，这背架是圣物，你们应该戴在头上，这木碗也将会成为你们头上或胸前的装饰品。”后来这儿的人们才知道他竟是圣人宗喀巴大师。她们不敢违背他的圣训，每个妇女为了弥补取笑圣人的罪过，便用木条做了个简单的小背架，戴在头上，后经多次改进，演变成藏族妇女的一种特殊头饰；木碗逐渐改成铜或银做的装饰品，镂花嵌珠，也成为妇女头上或胸前佩戴的漂亮饰品。这则传说至今仍在康区广为流传。

后来，大师一行从康区来到昂曲与澜沧江交汇的昌都住休一夜。晚上，大师亲见十六尊者，又在昌都寺的原址上看见“贡保护法神”，大师依此作预言说：“此地将来会兴建起一座大寺院。”此后，果然由大师的六大弘法弟子之一的绛散·喜饶桑布于藏历火蛇年（1437年），在这里创建了昌都强巴林寺（昌都弥勒寺），后来帕巴拉活佛世系成为该寺的寺主。

大师一行离开昌都后又跋山涉水，历经数月，于水牛年（1373年）抵达前藏，首先由止贡·丹玛仁钦贝引荐来到止贡梯寺（འབྲི་གུང་མཐིལ་དགོན་པ）。该寺在今墨竹工卡县境内，与拉萨相距70余公里，是止贡噶举派创始人止贡·仁钦贝于土猪年（1179年）在一座小寺的基础上扩建而成的。大师抵达后，首先拜见法王金厄哇·却吉嘉波上师，法王说：“罗桑扎巴一路辛苦了。”宗喀巴回答说：“托上师的洪福，一路还算顺利。”宗喀巴在此

宗喀巴来到前藏止贡梯寺，法王金厄哇为其讲经。

休息了两天，他爬上山坡，发现寺院殿宇依山就势而建，遍山布满了修行用的小禅室和禅洞。他意识到该寺活佛和僧人一定十分重视显密的修习，于是从第三天开始，便在法王金厄哇上师座前聆习《大手印法》《金刚鬘》《那若六法》和《大乘发心仪轨》等经论。

这时在几位友人的劝请下，宗喀巴暂时离开止贡梯寺，又来到采贡塘寺，这座寺院在拉萨东北6公里的地方，寺院规模较大，寺内十分宽敞。采贡塘寺是采巴噶举派的重要寺院，1175年建成采寺，1187年建成贡塘寺，二寺合称采贡塘寺。大师抵寺后，首先向该寺著名藏医官却嘉布学习了藏文医典《医法八支论》，这位藏医看到宗喀巴聪明好学，他首先传授藏医学发展史、医学基础理论，然后进入医学实践。约半年时间，大师将上师所传授的医药知识全部掌握，同时跟着医师开始医药实践活动。如此不到一年时间，便成为小有名气的医药学者。据说，大师在采贡塘寺学医时，自己也曾生过病，虽然延请了十多位医生共同前来会诊，但据医生们说，关于病情、配制药方以及药物性能等方面，皆是请问于大师后才进行配制的。还有几位在此学医的僧人说，当时这一带再也没有比宗喀巴大

宗喀巴大师来到采贡塘寺，于著名藏医官却嘉布处学习藏医学。

师更精通医学的医师，所以大家都愿意在宗喀巴大师处学习医学。宗喀巴大师在这里学医时间虽不长，但所学到的实用知识却比过去更多、更精，大师在这里除了学习藏医外，还抽空著作了一本名叫《本生善愿篇》的书。

之后，大师一行又从采贡塘寺前往聂塘极乐寺，俗称聂塘卓玛拉康。该寺在拉萨西南方向30多公里处，是以阿底峡大师的弟子嘎哇释迦旺秀为主的众弟子于1055年兴建的。这位印度高僧、噶当派导师阿底峡尊者莅临此寺后，曾在这里弘法著述长达9年，最后圆寂于此。宗喀巴大师抵达该寺后，曾师从聂塘巴·扎西僧格和大法台格贡巴，在此学习了“结法缘”经教，又由佛学大师云丹嘉措任主讲师、轨范师邬金巴任副讲师，分别为其传授了《现观庄严论本释》，这是一部关于波罗蜜多的重要著作，大师仅听受了18日便对此作的论释部分全部领会于心。接着又学习了现观论的《绛嘉注释》，研习了加行法类。这时他已成为通晓《般若波罗蜜多经》的学者，授经上师和学友们均为他具有如此广大的智慧而叹服。对于《大乘经庄严论》经典，他早在宗喀时就已熟练通达，但该寺的上师在讲授时，他仍旧虚心地聆习。

云丹嘉措与邬金巴两位上师为宗喀巴讲授显宗经论

极乐寺的嘉仁巴大师是一位精通《慈氏五论》的大学者，宗喀巴大师亲近此师，很好地闻习了慈氏诸论。一次，有一位相传也是文殊化身的大德索南坚赞亲临完乃曲宗寺，在这位上师处听受文殊“阿、拉、巴、杂、呐”的随许灌顶和枳布传规的胜乐身曼荼罗灌顶，以及宝帐怙主随许法等法要。大师在极乐寺学经约两年，主要对《现观庄严论》进行了透彻的钻研，从词句之义到经论要旨无不通晓。所以在19岁那年，即木兔年（1375年）前去桑普寺辩经场，立《现观庄严论》为宗，开始练习辩经，这是宗喀巴大师一生中第一次立宗与人辩论，但还是得到了上师和寺僧的好评。自此，他对辩经产生了极大的兴趣。在绒哇·却扎嘉措著的《宗喀巴大师传妙花束》中赞颂道：“两年研习般若经，彼诸大德经百劫，所研之慧事已成。恰值年届十九春，桑普聂塘辩经地，现观庄严作辩论，糅合诸经而论说，论清理辩教日兴。”

大师在桑普寺立宗辩经

桑普寺于1073年由俄·勒巴喜饶上师兴建，为噶当派寺院，后成为拉萨地区各地学者夏季来此辩经的寺院，而拉萨市曲水县境内的绛寺则是进入冬季后的辩经场所。

大师在桑普寺和聂塘寺辩经后，开启了辩经的智门，增长了答辩的才能，初步体验了辩经的滋味，这时萌发了前去后藏求学的念头。在当时的情况下，一般来往于卫藏的商人、政府官员及各地贵族们都三五成群地骑着马、赶着牛驮结伴而行。从拉萨到日喀则350多公里，再从日喀则到萨迦地方160余公里，全程520余公里。作为年仅19岁的宗喀巴来说，第一次来往于卫藏，既无马匹又无伙伴，孤独一人前往谈何容易。

后来他结识了几个同伴，原想通过"仁邦"峡谷直入大道而前往萨

大师结伴赴后藏求学

迦，后来又加入了一位名叫觉丹的人，他是拉萨附近觉丹寺的僧人，对卫藏的路途比较熟悉，所以由他当向导，他们一行经过仁邦后面的长普山，经由年楚河上游的镇口来到夏鲁寺。这是后藏一座夏鲁派的寺院，由杰尊·喜饶郡乃大师于藏历火兔年（1027年）始建，后邀布敦·仁钦朱大师到此，由他创立了夏鲁派，故该寺历史悠久，誉满藏区。大师抵寺后，首先谒见寺主大堪布仁青南杰。寺主见年纪轻轻的宗喀巴远道而来求学正法，不但盛情款待了他，还给他传授了《胜乐木札十三尊灌顶》和《红阎曼德迦五尊灌顶》等密宗法。

之后，大师又辞别授经师取道萨迦。经过几天的行程，来到萨迦寺，该寺是萨迦派的祖寺，由昆·贡却嘉布（1034～1102年）于水牛年（1073

大师一行初到后藏夏鲁寺

年）创建，到宗喀巴大师20岁时，该寺已有304年的历史了。萨迦寺藏书浩繁，被誉为“第二敦煌”。大师到该寺后，事不凑巧，寺院尚未到举行定期法会的时间，大师只好暂时到萨桑寺。萨桑寺是后藏的一座觉囊派寺院，他从该寺大善知识玛德班钦·罗哲坚赞处听受了有关文殊、胜乐金刚和声明学等经论。到了举行法会的时候大师又去了萨迦寺，法会上，大师立“般若论”与萨迦寺僧人进行辩论，这时他已显露辩经的锋芒。在萨迦地区，他先后游学了达桑丹寺、昂仁寺、埃旺寺（属萨迦派）等寺院，从师学习了一些萨迦派教法及《噶当次第论》，并与寺僧立宗辩经。

宗喀巴大师向萨桑寺玛德班钦大师献曼札求法

接着，大师又来到距日喀则不远的纳塘寺。该寺系噶当派法苑，由博多哇的再传弟子冬东·洛哲扎巴（1106～1166年）于1153年创建。这里首次集藏译三藏经典编订为《甘珠尔》和《丹珠尔》两部大藏经，其印经院可与德格印经院和布达拉宫印经院相提并论，蜚声雪域藏区。由于此前宗喀巴大师在极乐寺修学过《现观庄严论》的《绛嘉注释》，对此注释尚有一些不明了之处，加之他在这里听受了一次《俱舍论》的论文，也难以理解。恰巧，纳塘寺一位格西手中有一部《现观庄严论》注释本，大师借来细阅，与《绛嘉注释》对照比较研究后，方才开悟。

大师在纳塘寺借书进行对比研究

辞别纳塘寺后，沿年楚河上游，到达乃娘寺（གནས་རྙིང）又译作乃宁寺。这里是赤松德赞的法苑地，由赤热巴坚（赤祖德赞）的根本上师嘉·绛白桑瓦所建，在今日喀则专区康马县境内，在此大师从师学习了《现观庄严论》和其他一些经论后，又来到江孜县境内的泽欠寺（རྩེ་ཆེན）。该寺规模不大，与白居寺相距5公里左右，于14世纪由涅温·贡嘎贝哇创建，大师在此学习了《俱舍论本释》。一次，他请求该寺大德涅温·贡嘎贝哇给他详尽讲授《俱舍论》的本释，大德遂给他推荐了一位精通《俱舍论》的萨迦派高僧仁达哇·循努洛哲（1349～1412年）。仁达哇是萨迦派中通晓五部大论的著名学者、佛学家，是萨迦附近的仁达康索地方人，他成名后，以地名取法号为仁达哇·循努洛哲。此人出家后广参名师，学遍显宗诸论，兼通密宗和萨迦派独有的“道果”教法。这时他正准备赴前藏，恰

仁达哇上师为宗喀巴赐福摩顶

与他的上师涅温·贡嘎贝哇介绍来的宗喀巴相逢，二人见面因缘相投，讲经谈论，大师见仁达哇谈吐不凡，于是拜其为师，求学显宗诸论。大师博学强记，仁达哇所讲的一切教法，只需学习一遍便全部领会于心。如果遇有疑难或不理解的地方，即刻向上师执经问难。对这种孜孜不倦的学习精神，上师十分喜欢，并风趣地对宗喀巴说：“我向你传授经法时，也必须得集中精力，不能疏忽大意哦！”意思是稍不留神，即被大师问倒。大师

恭敬地在仁达哇上师尊前闻习了《俱舍论》，认为他的讲解从词句到经义，由浅入深，由易到难，句义清晰，内容透彻。他如饥似渴地吮吸着佛法甘露。

之后师徒二人又来到桑林寺，这里的上师又为宗喀巴传授了《入中观论》。大师在桑林寺正聚精会神地学习显宗经论时，传来了另一个好消息，即精通五明论的大堪布、译师绛曲泽茂抵达前藏，准备在冬季法会上在布达拉宫为僧众讲授《阿毗达摩集论》。宗喀巴听到这个振奋人心的消息后，求法心切，便向上师说明想去前藏的原因，于是暂时辞别上师，日夜兼程，赶到布达拉宫红山。但这位上师说他年事已高，且身体不适，只给会集在这里的广大僧众讲授了一些随缘法类，未能传授《阿毗达摩集论》，这让大师大所失望，500多公里的路也白跑了。

是年冬季法会时，他到聂塘极乐寺住修，后来又到觉摩隆寺。这个寺院在拉萨以西（今堆隆德庆县境内），于藏历第三胜生之土牛年（1169年）由佛学家巴德罗汉所建，也有为阿底峡的弟子库敦·尊哲雍仲所建的记载，是一座噶当派佛寺，在当时被称为前藏六大寺院之一。寺内有一位名叫罗赛的寺主，他是一位精通《毗奈耶》戒律和《俱舍论》的大善知识者，宗喀巴依止这位上师闻习了《律经根本》和律本释及所有分支等，并暗下决心，定将此师拥有的《毗奈耶》戒规全部学到手。于是每天除上师讲授外，还不断地从篇首起诵读箭杆长的经，即《律经根本广释》十七叶（长条经两面为一叶），坚持始终，洞达律学。每当斋僧茶之前，所饮茶之僧须诵一段《般若经》，已成定例。大师每次念诵《般若波罗蜜多心经》，直到斋僧茶完毕，天天如此，坚持不懈。久而久之，等到斋僧茶刚结束，大师的意念中便会出现无须用功自然入于禅定的现象。对这种现象，在他的弟子克珠杰的著作中说：“在卫藏为取得成就而修习的人们，其所谓心中生起了最善的究竟通达，但是如与领会一切经义的宗喀巴大师相比，那样的通达，仅仅是心中生起了定而已。”大师在这里学修律经，不仅仅是对律义熟悉通达为止，而是以律义的定律作为自己行动的准则，

在觉摩隆寺，上师为宗喀巴大师作智慧灌顶。

自己的一言一行须与律义相吻合。这方面，他为觉摩隆寺的僧众做出了很好的典范。觉摩隆寺有四根名柱：白茅根柱、大乘柱、鞭麻柱、禅定柱，大师经常背对着四根名柱修习禅定。后来，四根柱旁置有一尊一人高的宗喀巴大师镏金铜像，大殿二楼的无量寿佛殿供有一座约7寸高、内有舍利的佛塔。据说后来觉摩隆寺衰败时，那四根名柱被移送给了布达拉宫。

藏历土马年（1378年），宗喀巴22岁。这年春天，大师第二次由前藏来到后藏的纳塘寺，在这里住修了几日，又起身经夏鲁寺抵达萨迦寺。当时仁达哇上师正在这里学习《道果法》，师徒重逢喜悦之情难以言表。大师在萨迦寺一住就是几个月，期间他从上师处又学习了《阿毗达摩集论》《量释论》《入中论》《律经》等一些显宗经论。在多杰仁青上师处聆习《喜金刚续第二品》的讲解，从一位老格西学习秘诀，在仁钦岗拉章（萨迦法王王宫）的后面专心念诵中性“哈”（མ་ནང་གི་ཧ）音等法门，不知念了多少遍，身上过去未治好的病，全然不治而愈。之后，师徒二人从萨迦寺来到拉堆（ལ་སྟོད）北面的昂仁寺（ངམ་རིང་དགོན），该寺全称“昂仁噶丹协智佩杰强巴林”，意为“昂仁喜具讲修兴旺弥勒洲”。据说克珠杰·巴

大师在萨迦寺仁钦岗中独自念诵中性“哈”字

桑波和珀东·雪勒南加两位雄辩家在这个寺院曾进行过激烈的辩论，最后珀东大师谦逊地表示认输，克珠杰声誉大振，这场辩论在藏传佛教界影响十分广泛。宗喀巴先后三次到过昂仁寺，他在这里修学经论的同时，也进行巡回辩经。还为该寺的僧人讲经说法，因声音洪亮，至尊度母听后说：“宗喀巴讲经优美动听。”当上师仁达哇撰写《阿毗达摩集论广疏嘉言海》著作时，大师在一旁整理校对书稿，等著述完成了，大师对此经论也竟融会贯通了。他在上师处还求学了《密宗根本续》《五次第》等众多教法，上师仁达哇针对宗喀巴的要求进行了详细地讲解，使其受益匪浅。

是年秋季，大师正在昂仁寺学法之际，听到了故乡的家人给他带来顺缘（财物）的消息后，便告假上师，从昂仁寺经过萨迦直奔拉萨。这时他对卫藏的道路已有几分熟悉了，有时抄捷径而行，十多天就到达了拉萨，收到了家人带来的顺缘，其中还有一封慈母写来的信。打开信一看，信上写道：“儿，母年事已高，且身体欠佳，十分思念你，盼儿务必回家见母一面。”又说：“在你出生的地方，长出一棵菩提树，长势喜人。”信中还附有一缕慈母的白发。大师收到慈母的信和白发时，也极为想念年迈的母亲和遥远的故乡，遂萌发了回乡探母的念头。他来到墨竹拉隆地方，开

大师托安多地区商人诺尔哇桑波给自己的母亲送自画像（唐卡）

始练习写作一些安多地方需要的秘诀，写着写着，突然脑海中闪出了另一个念头："我才22岁，正是扎实学经的年华，现在佛法尚未学成，一走便会废弛，回来再学，寿数有限，为时晚矣。"想到这里，遂打消了回乡探母的念头，于是用自己的鼻血调和颜料精心绘制了一幅自身画像，又写了一封慰藉慈母的信，信中写道："儿六时精进，佛事繁忙，无暇返里见母，母亲若能在儿出生的地方，用那株菩提树作胎藏修建一座佛塔，就如同见儿回来一样，并对那里的佛教和有情众生极有饶益。"大师将回信和自画像交付那位带信来的商客，叮嘱他转交给母亲。那位客商是安多地区人（今民和县甘沟乡诺尔哇地方），常往返于内地与卫藏，是当地一位富商，诺尔哇是他的牧场，这位商人就是诺尔哇桑波，姓乔，当地庄上的人称他为乔国师、乔昂索。他将大师的自画像带回家乡后，认为这是一幅极有加持力的珍贵画像，所以请了一位画师又临摹了一幅。乔国师将大师的自画像迎请到家乡民和的卡地卡哇寺供奉，而将临摹的那幅交给了大师之母。母亲收到了儿子的信和"自画像"后，悲喜交加，激动得流下了热泪，仿佛听见画像中的儿子开口，亲切地叫了一声阿妈，就再也不作声了。卡地卡哇寺也因珍藏有大师的自画像而名扬藏区，曾有"不拜卡地喀（即卡地卡哇），何来三大寺"之说。这幅画像至今完好地珍藏于卡地卡哇寺。

宗喀巴大师将自画像和回信交由那位商人带走后，凭自己的智慧灵感，对那人有点不放心，遂又精心画了两幅自画像，一幅狮子吼佛像和一幅胜乐金刚中的如来藏佛像，亲手交给杰温 · 扎巴坚赞（རྗེ་དབོན་གྲགས་པ་རྒྱལ་མཚན，为大师侄子）带回故乡。回乡后扎巴坚赞按宗喀巴大师的吩咐，将一幅自画像交给其母，画像中的宗喀巴亲切地叫了三声阿妈，另一幅交给了大师的姐姐。后来佛母香萨阿曲手中的那幅像，据说在塔尔寺文殊菩萨殿内塑造文殊身像时装了藏，姐姐的那幅则秘密珍藏于大金瓦殿。

土羊年（1379年，明洪武十二年），佛母按儿子的嘱托，在当地五部落头人和各施主的支持和资助下，修建了一座以菩提树为主要胎藏的莲聚宝塔，又以狮子吼佛像和胜乐金刚如来藏佛像做成印模翻印泥佛像置于菩提树周围，这座莲聚塔在历史上几改塔形。后大师在卫藏学法成名，赴各地普施法雨、著书立说的消息传来后，以寺属五部族为主，募化集资改莲聚塔为四谛转法轮塔，并以“宗喀”地名尊称大师为“宗喀巴”，此尊号沿用至今。大师53岁（1409年）那年在拉萨大昭寺举办神变祈愿大法会和修建格鲁派祖庭噶丹寺时，四谛塔形改为神变塔；后为祈祷大师健康长寿又改为尊胜塔；土猪年（1419年），大师在噶丹寺示现圆寂的消息传来后，将尊胜塔改为涅槃塔；之后又为祈祷大师早日转世而改建为降凡塔；水羊年（1583年），按三世达赖喇嘛的意愿，又改建为菩提塔，并饰以银壳；水马年（1642年），将菩提塔复改为神变塔。后经几次维修时，集资白银、珍宝将大塔改建为纯银质塔壳，塔身遍镶各种珍宝，成为银光闪闪的大银塔。2011～2012年，由寺院各方集资，将大银塔改建为纯金壳的大金塔。塔身金光灿灿，共耗资人民币3.116亿元，其中纯黄金860千克，珊瑚、珍珠1.129千克。宗喀巴大师纪念塔乃塔尔寺的镇寺之宝，被誉为“世界一庄严”。

金猴年（1380年）的前半年，宗喀巴大师在主修经论的同时，多隐居实修，当修道获得一种证悟之时，用大师自己的话说：“当他人对我陈设上乘座位，作极为恭敬的供养时，这虽是别人的一片敬心，但自己却由不习惯到实在不能承受的地步，似乎有一种送‘账债’的感觉。”大师对于利养恭敬、美誉声名，以及世间的任何圆满享受，甚至连梵天、帝释的美好享受等，他不仅没有丝毫的羡慕之心，就连眼下已得到的任何圆满福报也毫不动心。总之，他认为人间的荣华富贵、名利地位不过是一些过眼烟云、昙花一现的东西。就此事大师还写了一首诗告知大家：

权势如梦中江山摇动，
年华似彩虹迅速消亡，
名望像声影仅是个名，
财富如蜂蜜别人享用。

至天气凉爽的秋季，大师来到墨竹的拉隆寺，在该寺上师索南扎巴近前闻习了一些教法，遂又闭关静修。修持的间隙，主要反复阅读《量释论》的《解说理智库》等因明学经典。到冬季时，因从这里去拉萨比较方便，且气候温和，他又来到聂塘极乐寺住修，在此习经修持之时，一位蒙古王子致书大师并献厚礼。出于异民族之间的友好关系，大师收到信和礼物后，即刻礼貌地写了一封回函，这封信亦以诗文偈句之形式而书，并寄一匹洁白柔软的锦帛作回礼。信函以诗文形式赞颂了王子的下士道意识以及他高贵身份、权势、渊博知识和对待有情众生等内容：

身无利他思想美化的彩衣装扮，
耳无妙语听闻美化的金色耳环，
手无布施善行美化的叮当手镯，
百世福德修来无上高贵的君王。
生于高贵世系大海中，
妙善金色栅栏围四周，
百种无量知识光辉耀，
人王须弥傲立在四洲。
人尘利他思想雪山衣，
被悦耳动听话语日光，
流入众人耳朵大海中。
用通晓法戒二律智慧，

负安排众生幸福重任，
称赞国君如此热诚语，
各处竞传声誉无他闻。
繁星闪烁的身躯天幕，
吉瑞与云彩障蔽不符，
为了消除障蔽的云彩，
向满足心愿本尊祈祝。
人主以那慈爱的心胸，
如佛法般治理的国政，
愿它如天空太阳不落，
永远像上弦月般上升。

这次书信的往来和礼品的互赠中蕴含着未来宗喀巴大师的教法将在蒙古地区广泛传播的缘起。

金鸡年（1381年）初春，宗喀巴从聂塘极乐寺起身，第三次前往后藏，复至纳塘寺。该寺有一位精通因明论的大师，名叫端桑巴，大师于这位上师处学习《量释论》注解，同时春季法会上在这里巡回辩经。因为因明学（佛教哲学）只有通过辩论，才能加深理解、学得快、记得牢。此时上师仁达哇和萨迦派著名大乘法王贡噶扎西（1349～1425年）也来到纳塘寺，他从萨迦二师处听受了《萨迦传规上师瑜伽》和《萨迦毗哇巴的甚深护持法》。萨迦二师为宗喀巴传授了萨迦派教法后，去了后藏的珀东寺，大师随后也赶至珀东寺。这座寺院于土牛年（1049年）由格西木扎巴创建，为珀东·雪勒南嘉大师所创珀东学派寺院。宗喀巴大师首先在翻译大师南喀桑波处专心倾听了一次《诗镜》的解说，这为以后创作诗歌打下了基础；从尊胜上师处学习了中观、因明、对法、现观庄严论等。对于中观论，大师初次闻习，便尝到了法雨的甘露，因这里讲说中观论者乏人，故中观论学说还无从谈起。是年三月，大师从后藏重返前藏，在贡塘寺、桑普寺、泽寺的大辩论场中巡回辩论。大师辩经的美名声誉在卫藏犹如旃檀花之芳香传遍之时，三藏法师察柯温波·阿旺扎巴等许多学法弟子闻大师之盛名后，纷纷前来投师学经，认为只有择良师而学才能学到更多的经

大师第一次收徒传法

法。大师暂收了几位有缘弟子，这是大师一生中第一次收徒传法。

夏季，大师和几位弟子一起渡过雅鲁藏布江来到山南乃东雅隆南杰寺，此寺又名乃东泽措巴（སྣེ་གདོང་རྩེ་ཚོགས་པ），全称泽措噶丹绛卓林，是克什米尔班智达释迦室利所倡建的四座寺院之一。大师请求该寺大堪布慈诚仁钦为他授比丘戒，经过准备后，由慈诚仁钦任亲教师、索南多杰任屏教师、喜饶公保作羯磨师（即戒律师），补齐合乎戒律的比丘僧20人作具信僧伽，在该寺的南杰拉康中为大师授菩萨比丘大戒，这年大师25岁。

对大师受比丘戒的年龄，在有的史记中有记为29岁或30岁的，但多数传记中皆为25岁。受此戒后便进入比丘僧的行列，严守《毗奈耶经》中规定的253条戒律，大师将戒律、中观当作自己的眼珠一样守护。从此，宗喀巴大师将班智达红色通人冠，改成黄色通人冠戴在头上，以示严守戒律的决心。早在藏传佛教后弘期时，东律初祖喇钦·贡巴饶赛曾将自己的黄色通人冠赐给将要返藏复兴佛法的鲁梅·次成喜饶，并说："戴上此帽你会想起我。"因此一些佛教史中将戴黄帽视为格鲁派开始形成的标志，格鲁派俗称黄帽派，也叫黄教。后来藏传佛教规范化后，不再称黄帽派或黄教了，而统称格鲁派。

六、学经论如饥似渴　求高僧普施醍醐

宗喀巴大师受比丘戒后，来到丹萨替寺。这座寺院位于今西藏山南专区桑日县（ཟངས་རི་རྫོང）境内，是帕竹噶举派的祖寺，由帕竹噶举派创始人帕摩竹巴·多杰嘉波（1110～1170年）于土狗年（1158年）创建。大师莅临寺院后，首先谒见法王金厄哇·扎巴绛曲上师，献上自己的著作作为晋见礼，并呈上自己的书信。金厄哇上师仔细翻阅其著作后，激动得流下了热泪。金厄哇上师也非平庸之辈，曾被明太祖召见，赐封“灌顶国师”之

宗喀巴拜见金厄哇·扎巴绛曲上师

号。他拿着宗喀巴的著作，语重心长地对几位近侍僧说：“罗桑扎巴这样年轻就能写出如此嘉言妙论的大作，实在了不起，他真是佛教前途的光明救星啊！”

此次会面使得金厄哇大师对这位年轻学者从心底生起无比崇敬和信仰之情。正如《萨迦格言》中所说：“智者之中知者美，愚者怎能知智人。旃檀胜过黄金价，愚人将其烧作炭。”《噶丹格言》中也说：“智者只有智者识面识心，能看到他的学问精深。请看世上稀有无价之宝，到了船师之手方为珍品。”金厄哇上师很高兴地向宗喀巴大师传授了萨迦派的《道果》教法和噶举派的《那若六法》，以及帕摩竹巴·多杰嘉波和止贡噶举创始人仁钦贝二位大师的全部著述。同时还将噶举派的许多稀有教法也尽

南木桑哇上师为大师讲声明论、诗论。

传给了宗喀巴。金厄哇上师还请来喇嘛南木桑哇译师，大师从此师处又学习了《声明论粉板字》的全部讲解。之后大师前往沃喀，在珀东声明论师南桑处聆习了印度学者洒巴达维摩著的《声明集分论》、居士皎月著的《旃陀罗波字经》等声明论经典。之后又在此师处学习了《诗镜》和修辞学等辞章典籍。在这里，大师对声明、诗学、辞藻等语言和名、句、文身等如何构成的学问，亦都进行了微探式的研究，进一步充实了他的智库，透明了他的心灵。真正做到“熔铸百家，撷采英华，集众家之长而合之为一”。宗喀巴利用他自身学的五明论知识，著了《妙音佛母赞》一书，辞藻华丽，内容精深奇妙，被学者称为最有修辞韵味的辞章，现摘录其中一段如下：

如绿玉液汇集的湖边，
在制凉光的月台上面，
巍巍雪山般雄雄庄严，
蓝色琵琶声悦我敬赞。
佩戴白色花鬘的顶髻，
以月儿装饰无限美净，
深蓝的秀发流苏披肩，
梵天女儿您夺人心灵。
您如广阔天空众星主，
又似天鹅戏游在莲池，
在我宽广明净的心园里，
请你长住并赐予睿智。

大师的“四赞”诗作中有《至尊佛母赞》，为使读者欣赏也摘录如下：

身材匀称真殊胜，
迷人千光罩你身，
犹如雪山立乳海，
玉立莲台我致敬。
头顶丰满乌发髻，
犹如伞顶宝石嵌，
深蓝眼睛长黛眉，

恰似蓝天彩虹弯。
高耸可人正鼻梁，
红润嘴唇秀容净，
柔软双耳宝珠垂，
丰姿动人我致敬。
宝石珠鬘挂颈项，
有如繁星闪光亮，
丰满双乳落宽胸，
恰似天鹅莲池降。

如意湖边莲花样，
轻盈腰肢端庄相，
身似红幔水晶塔，
艳服披身真鲜亮。
永固跏趺坐端庄，
佛母二八正妙龄，
种种变化显神通，
随人心意我致敬。

第二年，即水猪年（1382年），法王金厄哇大师圆寂，宗喀巴怀着沉痛的心情和寺僧一起参加葬礼仪式。此时他挥笔写了一首悼念上师的诗：

意乐根牢固慈祥枝叶四处飘拂，
戒律香味浓利他凉荫十方遮覆，
解脱果实丰具缘欲天的欢宴上，
生长茂盛的如意宝树突然殒没。

之后，噶举派在政界的头面人物和僧俗请求宗喀巴大师撰写一部《金厄哇·扎巴绛曲传》，大师痛快地答应了这一要求，即刻收集整理资料，一蹴而就，《金厄哇大师传悟解妙高山》一书很快完稿。因传记文笔流畅，史料翔实，情节细腻，具历史性、文学性于一体，僧俗大众均称赞说没有比此作更佳妙的修饰辞章了。

传记中赞颂上师扎巴绛曲的功德时如此写道：

身如金液铸就般好看，
手如檀香树枝样柔软，
脸如十五圆月般丰满，
众人中如须弥样雄伟。

智慧超越太空边，
慈祥对三界平等，
声誉遍布神洲界，
佳行令众生行善。

多闻如羽翼丰满金翅鸟，
降伏敌人龙蛇的猛禽，
夺走罪孽龙蛇的威力，
向具德上师鹏王致敬。

大师在丹萨替寺学经和著成上师传记事业后，动身前往桑普寺，在这里住修的一个晚上，他亲见妙音佛母的圣容。妙音佛母，即妙音天女，是掌管各种智慧及文艺天赋的一位示现女性相的智慧本尊。宗喀巴修持妙音佛母仪轨，唪诵真言5000万遍时，亲眼见到妙音佛母现身。从此，宗喀巴时常不断地获得佛母的护持，在讲经说法、教理辩论和著书论说这三种事业上成就都极为广大。尤其是他撰写的瑜伽部护法神的悠扬曲调、道情短歌和正法歌词，都非常典雅且悦耳动听，此方面他人是无法相媲美的。尤其是瑜伽诸大曲调，显得极为威严壮丽。不仅如此，在获得妙音佛母的护持后，大师对任何经典著作和明处学术（因理）的讲说，都能够毫无阻碍地领会。从此，大师以诗歌形式创作的佳作连续不断，他的《诗文散集》共收130篇作品，其中有120篇诗作。这些诗包括赞颂、祝愿、劝化、菩萨赞等内容，颇具特色，其中以赞颂佛陀、菩萨、度母的最多，亦有赞美壮丽大好河山的风景诗和散文。还有两部散韵结合的传记，其中的一部《宗喀巴自传注解》由其弟子贡汝·坚赞桑布作注解；42岁时著作的一部《缘起颂》，又称《缘起赞》，也是以诗与散文形式相间而写就，主要讲述了

宗喀巴大师在桑普寺修持时亲见妙音佛母现身

他对缘起性空的见解。其中释迦牟尼的《缘起赞》、弥勒的《慈氏赞》、文殊菩萨的《云海赞》、尊胜佛母的《三界众生如意赞》、智慧本尊的《妙音佛母赞》等五篇赞颂诗文十分有名。大师不仅是一位精通显密诸论的佛学家，还是一位擅长诗学、道情短歌的诗人。

宗喀巴大师在一个寺院中的住修时间最多为两载，少则一年半载，有的只住一两个月，甚至十几天就起身前往别处寻找传法上师。此次，他在桑普寺住了一段时间后，又来到吉雪（སྐྱིད་ཤོད）地方。吉雪地处拉萨河下游，在采贡塘寺的“采寺”中住下来，利用一段时间，将西藏所翻译的佛教经典和佛经注释包括《甘珠尔》《丹珠尔》在内的经典认真详细地阅读了一遍，对一些译著生起了深深的思考。

大师32岁时，即1388年，由他撰述的《现观庄严论狮子贤释详疏》一书问世，这部书又简称《嘉言金鬘论》或《善说金鬘》。大师撰写这部著作前后用了两年时间，最后在聂塘极乐寺中完成，以后格鲁派寺院将此书作为教程修学。当时，采寺中有三位经法较高的学者，一位叫霖村美巴，一位叫绛白扎西（多麦地方人），一位叫释迦智。这三位学者曾宣示他们的智力和记忆力超群，无人能比。听说宗喀巴是智慧的化身，三位欲与宗喀巴在智力和记忆力方面进行一次比赛，宗喀巴接受了这一要求。比赛时间定为从太阳刚出东山头计，到日光照到采寺正殿的金顶时止。比赛的内容则以念诵每面9行字的一箭杆长的经卷，念诵记忆得多者为胜。比赛结果，宗喀巴大师念诵了四叶，并熟记于心，霖村美巴阅读熟记了两叶半，剩余的两人都只阅读熟记了一叶。赛后，三位学者对宗喀巴大师大加赞赏，认为其智力和记忆力确实非凡。

有一次，大师和察柯·阿旺扎巴师徒二人来到拉萨大昭寺，在“天成五位一体的大悲观音”像前修习了多遍禁食斋戒法。一天晚上，师徒二人作祈祷后，观察梦中所见的征象。察柯·阿旺扎巴梦见两只大白法螺从天上降落到自己的衣兜中，随即二法螺合为一体，他拿起法螺吹奏，发出无量的宏音。此梦预示着察柯在将来于嘉绒（即今之阿坝）地方大弘佛法，做出利益佛教和众生的业绩。1409年拉萨神变祈愿大法会后，察柯遵师之命准备返回自己的故乡嘉绒弘传佛法，临行前，大师赠给他一串用旃檀木做的佛珠，他立刻领会了大师的深刻用意，当着大师之面立下了宏愿，即要在故乡一带建成一百零八座寺院，阐扬格鲁派教法。因当时正值神变祈愿大法会前夕，为筹办大法会还要替上师做许多工作，师徒商定大法会结束后方可去嘉绒建寺弘法。

大师梦见在聂塘的上谷口有一座叫达扎果的山，山形像箭门，山岩险峻，他攀上山岩，见一方非常细腻柔滑的石板上，有一朵正在盛开的青莲花，色彩鲜艳，花瓣未萎且带有花枝。他取花持于手中，想到这是至尊度母手中所持之花，这是不是救度母摄受的征兆，有一人说这次非度母摄

大师梦见在达扎果山上的情境

受，而是寿兆。梦醒后，大师凭慧性自圆其梦：登上险峻的山崖上面，这表示他超脱轮回来到解脱的道上；柔滑而洁白的石板，表示大师清净的心田，早已远离污秽的自利和粗涩的烦恼心；盛开的青莲花，色彩鲜艳，表示大师以广大的智慧使得正法如日中天，光耀夺目；莲瓣未萎，表示大师无垢的教法将永驻世间。

七、转法轮口若悬河　显密法浇灌众僧

宗喀巴大师在32至33岁时，往来于采贡塘寺和聂塘极乐寺之间，继续学经、著述，还抽空为寺僧讲经说法。这时他在显宗经论的修学方面，除中观论外，其他四部经论的造诣已十分精深。当他听说邬玛巴·尊哲僧格是一位精通中观论的大学者的消息后，便托人四处打听邬玛巴的行迹。33岁那年秋季，大师来到吉雪（སྐྱིད་ཤོད）地方，上师仁达哇也从后藏来到前

大师与仁达哇上师在布达拉宫磋商经论

藏，师徒二人在布达拉宫对许多正法进行了探讨研究，他们认为对有情之众讲说经论，引导芸芸众生走上正法之道的时机已经成熟，上师鼓励他从此年开始广转法轮。

二人从布达拉宫分手，仁达哇从前藏一面讲经，一面做有益民众之事而复返后藏。宗喀巴大师则来到觉摩隆寺，在冬季的三个月中，为这里的三藏法师讲授《时轮经》《现观庄严论》《因明论》《现对法》等许多经论。金马年（1390年）初春，34岁的宗喀巴意识到要使自己成为具有广博学识之士，除贯通显宗经论，还必须求学密宗经论。这时他修学密续诸法的心情十分迫切，欲对所有密续的讲解和灌顶仪轨及教授作一次全面闻习和研究。同时，他也想到这是件大事，想征求仁达哇上师的意见后再作决定，于是大师又第四次从前藏远赴后藏，来到后藏住修于绒区（རོང་ཁུལ）努却隆寺。在该寺堪布扎巴喜年座前听受了一次《五次第法类》等经教诵授。这里有两位名叫索南扎巴和格西喜饶扎巴的僧人请求大师，愿作他的近侍僧人，大师也同意收留二位作弟子。之后，二位弟子到丹却顶寺，拜见了住修于该寺的邬玛巴·尊哲僧格大师，求得法缘。在他们言谈之间，邬玛巴知道了宗喀巴就住在努却隆寺，就说："我想在你们上师那里请求一次妙音佛母的随许灌顶。"二位弟子回去后将此事向上师做了汇报。宗喀巴大师也急于与邬玛巴上师相见，遂答应了邬玛巴的要求，前去相会。

宗喀巴大师按邬玛巴的请求为其进行了妙音佛母随许灌顶法。二师在谈论中，邬玛巴详细讲述了自己曾在安多放牧时起至尊文殊就经常出现在他的意识中，为他说法，并亲口告诉他："宗喀巴是由妙音佛母给以明智的大德。"让自己一定要向宗喀巴求妙音佛母的灌顶！因此请求大师为自己作一次妙音佛母灌顶法的原因也在于此。宗喀巴大师这时才清楚地了解了邬玛巴的身世。原来邬玛巴也是安多宗喀地区人，即今西宁人，与自己还是乡里近邻。他赴藏修学显密经论时，尤精于中观大论。中观在藏文中称邬玛（དབུ་མ），所以佛学界尊称他为"邬玛巴"，意为"中观论师"。其真正的法号称"尊哲僧格"，意为"勤进狮子"。他不仅是一位无与伦

宗喀巴大师与邬玛巴上师祈祷文殊现身说法

比的大德，而且是通晓显密经论、擅长中观论的大师。因此，宗喀巴大师向他求教中观论时，邬玛巴上师说：“等到时机和法缘相合之时，我一定将《中观论释》毫不保留地传授于你。”由于宗喀巴大师对于印度龙树师徒宗规的“中观”和密集金刚法类有极大的求知愿望，于是他向本尊文殊启问：“我想求得中观等善法，在卫藏哪位上师最精于此法？”本尊道：“在卫藏没有比仁达哇更精通此法的，依我看来，仁达哇仍不能最后完全解决你所希求的全面知识，还是由邬玛巴作译师，由我给你讲说，这是最好的方法。”又说：“现在正好邬玛巴要回安多，因此马上满足不了你的希求，现在你还要作为避世修行者找一静修地，按照以上所说结合实修，并努力地修养各种所缘法门，不久你将会通达各种教义的。”同时还启发他，印度的一些大班智达所著的论著中，也有少许不确切甚至错误的内容，在修学中一定要认真辨析，汰芜求真。对此，宗喀巴大师向本尊道：“那么，月称论师所著关于圣龙树密意的注释作品，有无错误呢？”本尊说：“月称是一位佛学界具有观察智力最胜的菩萨，他为了阐明圣龙树的教法心要，依誓愿而降生于世的，因此他所注释的圣龙树的著作，不论是显宗的还是密宗的，都是正确无误的。因此，他的著作还是你最信赖而依止的著作。”大师与本尊对话时，邬玛巴也在场，他也看出宗喀巴闻法求法的心情十分迫切，于是向本尊文殊请求道：“像宗喀巴这样年轻而具有如此智慧的学者来说，应继续做闻法讲法的事业，这样做会对教法有极大利益的，而此时此刻让他停止闻法说法，这样做对我的传法将会有弊无利，因此，我宁可推迟去安多的时间，愿为他传授教法。”本尊文殊道：“他现在如果不去修持，将会对他的寿数有很大影响，因此还是去避世修行最为合适。”此时，邬玛巴上师听了本尊的明示后，也就无言可说。宗喀巴大师依本尊的指示，收集有关修学密宗法和修持密法的参考资料后，到一处清净的地方修行去了。

再说邬玛巴·尊哲僧格，密宗法号为“华沃多杰”（དཔའ་བོ་རྡོ་རྗེ），其生年不详。据说少年时，在安多宗喀地方放牧的一天，他的胸间发现有文殊“阿、拉、巴、杂、呐”五字心咒的呜呜咒音发出，以后每当发“文殊五字心咒”之音时，他紧张得全身汗毛都竖了起来。有一次出现类似情况时他突然昏了过去，当他醒来时，亲眼看见一尊黑色身像的文殊菩萨。之后，他聆习了文殊所赐随缘法和修法，经闭关修持后，多次亲见文殊身语的真像，但他对自身出现的这些奇异之事还是有点疑惑不解。其实邬玛巴的前世就已与文殊结下了法缘，此世转生于宗喀西宁时，这种法缘与生俱来。年稍长，邬玛巴赴前藏桑普寺求学，认真修学《现观庄严论》并多次研习，从此自身发出了美妙的说法语音。这时他想作一次巡回辩经，本尊文殊对他说：“所有资具都由会中发放。”邬玛巴道：“得不到求学的必需品怎么办？”本尊说：“有一秘藏可以掘出。”于是他在那里由僧会给予一切资具后，请求本尊准许现在掘出秘藏时，本尊却吩咐道：“先不急于掘秘藏，现在你应当决心作避世修行的教徒，去苦心修禅为好。”

邬玛巴遵照本尊之命，到工布（ཀོང་པོ），即今西藏东部尼洋河上游地区，在那里他从噶玛甘木仓师处求得《大手印法门》，依法而修。此时，本尊的身像、语音比以前更加清晰。之后他又到山南桑耶寺，这座寺院于公元8世纪中后期，在藏王赤松德赞的主持下，由应邀前来卫藏的莲花生大师和寂护大师择地设计修建，为全藏区最早的一座佛、法、僧俱全的宁玛派寺院。邬玛巴在该寺从道丹·措嘎巴上师处学习了《瑜伽六支密法》，同时依止宣努嘉哇上师求学了《道果》四灌顶教授法。后他从桑耶寺想去后藏，听说在那里有名叫“巴”和“嘉”的两位学者，他一时不知道该向哪位求学佛法，又启请本尊，本尊说：“你到本措敦的狭路上，那儿有一位僧人，你向他问该去谁处求学最佳。”当他到达本措敦时，果有一位喇嘛在那里，他走到跟前恭敬地向喇嘛说明了原委，喇嘛说去巴拉瓦金处求学比较理想。于是他按照喇嘛的明示去拜见巴拉瓦金，在此师处学习了《大手印》等教法，之后又根据本尊指示前往萨迦寺。到寺院后正好遇上了仁达哇上师，他在仁达哇处又求学了《中观论》和《毗奈耶经》两部经论。继而从这里又到东面的绒曲隆寺，与这里正在闻法的宗喀巴相遇，遂在宗喀巴处又听受了一遍《中观自释》。

大师亲见印度诸论师的尊颜

继后，宗喀巴大师又向邬玛巴上师请求中观见及密续法，邬玛巴为了实现对宗喀巴所承许的诺言，便由自己作译师，宗喀巴作为问法者，在至尊文殊近前启问了许多教义。宗喀巴最大的愿望就是求得甚深中观见，如不求得此法，则不能获得道之命脉。本尊文殊和邬玛巴就中观论理详尽而透彻地为宗喀巴作了讲解，宗喀巴用最快的速度一一作了笔录。这次传法基本满足了其求中观见的愿望。大师对于甚深无误的中观见的微妙要点，意欲获得彻底破解时，一天夜间，他亲见圣龙树、圣天、佛护、月称、清辨等印度论师的尊颜。并且诸论师以谈论、讲说、听受的不同方式，对大师所要探索的诸难点要义予以解决。其中，佛护论师以《中观根本佛护释论》的论义，月称论师以《入中论》的要义，圣天论师以《四百颂》的要义，用奥义简述的方式，各自向大师讲解释义。并以经卷置于大师头顶作完美加持，后立即断除细微的疑虑支分。在道丹·绛白嘉措所著的《宗喀巴大师传·嘉言集》中说：尤其是佛护论师前来向大师讲说了一遍“佛护论释”中的中观根本论，第二天就有人送来了一部《佛护论释》，以此缘起巧合，大师获得现见圆满中观见。通过本尊文殊的讲解和印度诸论师在梦境中的一一讲授，大师明白了月称的应成派是如何善巧成立胜义谛和世俗谛的，并了悟一切法由于缘起，所以是空，由于性空无自性，所以形成了微妙的缘起。这便是用“缘起有”来破除执有的“常见”，用“自性空”来破除认为一切皆无的“断见”。并不是离开缘起因果，而有性空可得。《心经》上说：“色不异空，空不异色，色即是空，空即是色。”讲的就是这个道理。通俗一点，就是宗喀巴大师将学到的中观见甚深理论就像蜜蜂将采来的花蜜进行加工一样，最后得到蜜汁精华。大师的“缘起性空论”是集印度中观论师的《中观论》思想学说的精华，后来成为整个大乘佛教的理论基础，也是以他为代表的藏传佛教的根本思想。其基本特征是宗教神秘主义和唯心主义抽象思辨，但在缘起性空论中也涉及一些重大的哲学思想。缘起性空总的认为：“事物处在生、住、异、灭的生死流转过程中，一切是刹那间生灭，因而世界处于无常。”即事物没有相对静止状态，有的只是绝对的循环运动，在循环过程中，由于世俗人不懂得这个道理，产生无明而贪欲炽盛，总希望富贵荣华、长生不死，拼命追求自己难以得到的东西，造成人的无穷欲望和变动不居之间的矛盾，从而给人带来了烦恼，导致了痛苦。大师还以一首诗阐述了他带有消极的宗教观点：“弱小易毁犹如水中泡，不净之器就像盛污瓶，给尽痛苦如同凶恶敌，这难得易灭的人身。”又写道：“虽在高位终将落下来，年轻美貌被老丑毁，富贵荣华终于会衰败，这都是众生救主教诲。”对于学用中观论一事，清乾隆时期的三世章嘉·若白多杰国师曾说过：“自佛教传入西藏雪域后，历代佛学家对龙树、佛护、月称的中观论进行过研究，但仅作了些表面文字的注释工作。而将《中观论》融会贯通，变成自己佛学思想体系的只有宗喀巴一人，他的代表作为创立格鲁派奠定了坚实的理论基础。”

宗喀巴大师在学经闻法的同时，也很注重讲、辩、著事业，仅讲经传法来说，他也不愧是一位满腹经纶、口若悬河、声音洪亮的弘法大师。大师到卫藏后的第三年，即19岁时，就开始在桑普寺和聂塘极乐寺初转法轮（即初次讲经说法），巡回辩经。后驻锡于乃宁寺时，一些求学者和侍从前来启请，大师为他们讲授了一次《阿毗达摩杂集论》，这是大师最初答

大师在噶当派的夏域寺讲经传法

应讲说的第一部经论。从此每当他习得一部显宗经典后，就以这部经典开始讲说，并立宗辩论。于是，对经论越讲越精，理路越辩越明，逐渐也形成了他学经、讲经、辩经的风格。后来到温区（འོན་ཁུལ）的拉康格仁寺中，为察柯·阿旺扎巴等许多三藏法师讲说了“波罗蜜多”“因明”“中观”等经论。后在觉摩隆寺中，又为一些三藏法师和僧众讲说了一些广略经论。大师在达波（དྭགས་པོ）之南的夏域寺（བྱ་ཡུལ་ཆོས་སྡེ）住修时，为70多名格西讲授《现观庄严论》《入中论》《阿毗达摩论集》等经论。夏域寺是噶当派寺院，由夏域哇钦波于1075～1138年创建。1378年，大师在索日安寺中为70余名三藏法师详细讲授了《现观庄严论》《因明论》《俱舍论》《律经根本》《入中论》等教法。32岁时，在聂塘极乐寺中广大智者会聚的法会上，为大众讲说了一些经论的注释部分，并作对比分析。后因宗其·扎巴仁青的邀请，前往雅隆地方。

当师徒一行来到森宝山的贡噶地方时，一位名叫贡巴曲嘉的学者也对大师有极大的虔诚信仰，遂被邀请到五佛寺（རིགས་ལྔ་ལྷ་ཁང），由贡巴曲嘉作承事服务，大师又在70名三藏法师中讲授了《现观庄严论》《因明论》《律经根本》《入中论》等经论，颇受众法师的欢迎。随后，大师又被邀请至雅隆的门喀扎西东寺（སྨོན་མཁར་བཀྲ་ཤིས་གདོང་དགོན་པ）中，讲授了许多经论教典。其间，由宗其·扎巴仁青供养一切需用资具，大师又为僧众广转了无量的经论教法。在讲经的间休时间里，又陈设上下密续诸上曼荼罗密续坛城，为一些具缘弟子作了灌顶，以成熟其根器。同时还传授了许多本尊的随许灌顶和经教诵授及教授秘诀等。传法灌顶之时，周围一些地方的僧众学者一听到曾获妙音佛母授摄护持的大师已来到雅隆的消息，便蜂拥花园般地前来接受法雨的滋润。有天晚上，大师坐在褥垫上讲说卫藏的一些成就上师的各种事迹时，当说到四论师智师子在一次定期法会中能讲11部经论时，遂向听众问道：“后期中卫藏有谁于一期法会中能讲那样多的经论呢？”当时有格西夏丹等人起身请求道：“请大师能否也在一期中讲说那样多的经论。”大师略思考了一下后笑着说道：“尽力而为吧。”于是大师从那月的初一起至月底，闭门博览群籍，月底的那一天，他将所有的经典包扎起来放于内室。原本他打算从下月初一开始讲，但此时，从桑普等寺院中寄来了一些书信，信中提出许多三藏法师也要前来参加听讲的要求，因此未能按原计划开讲，讲经的时间稍往后推迟了几天。时过三日，大师正式开讲，首先讲述噶举派中的玛尔巴大师和米拉日巴等高僧大德的零散教言。从第五日起，在一天同一时间中，讲十五种梵语的首页（注：每部经卷的首页写有梵文开首语），作为法会的开始。从此，他每日照例

大师为僧众讲授十七部大论

从黎明直至黄昏时分，讲说教法十五座次，从未间断。十五种经论中，另有两种略本卷帙，首页讲完时，再以两种略本来补替续讲。所讲经典计有：《量释论》《现观庄严论》《上下对法》计两种，《律经根本》《慈氏五论中的后四论》计两种，《中观五论》计五种，《入中论》《四百颂》《入行论》等共计十七部大论。讲说时，对于大论的疑难之处，在以西藏的大注疏作为依据的基础上，又以其他释论中破非立是的说法作抉择。而且在讲说其他诸论时，大多根据各自论典的注释本作详尽讲解，在讲经过程中从未出现过混乱和遗漏的现象。历时一个月，十七部论典全部讲授完毕，广大听众聚精会神地在十七部大论的海洋中航行了近30天，受益颇丰。在法会期间及法会后，听众无不叹服，大加赞赏。皆认为这绝非为一般人的才能所及，要么这位大师一定是得到智慧本尊的加持，要么必定是一位获得陀罗尼（如不忘和智利陀罗尼）的大菩萨。这次法会讲经后，大师的声誉犹如菩提树的花香遍扬雪域，在藏区其他各教派中影响十分广泛。

世间一切事物都具有两面性，对大师的讲经传法除赞美声外，亦有少数浅学寡闻者持怀疑态度，认为一天中能讲说十七种经典的要义纯属夸张之谈。甚至忌妒心很重的人，口出恶言，讽刺挖苦。当大师听到这种流言蜚语后，泰然处之，大肚能容。这种人的非议，宛如晚上降落的一层寒霜，到次日阳光遍照之时，被消融得一干二净。据说不久的一段时间里，大师在一日中也讲过十种或二十一种、二十九种论典，皆不足为奇。此举不仅在卫藏，就是在印度金刚座的诸班智达也只能望其项背。这是大师三十五种卓越史事中的一种。

早在1380年，大师23岁时，在嘎东寺为僧伽大众讲授过《菩萨戒品》《事师五十颂》《十四根本堕罪》等教法。是年的夏季，大师在热振寺中为僧众讲授了《大乘庄严经论》《辨中边论》《杂集论》等。热振寺是噶当派主寺，于1056年由仲敦巴·嘉瓦迥乃创建。次年，大师又在布达拉宫为来自周围六座寺院的一千多位三藏法师讲授《中观光明论》《毗奈耶经》和《道次第》等经论。

在勒普贡萨寺（ཞྭས་ཕུ་དགོན་གསར），大师又为许多三藏法师讲授《量释论》的解说及具辩理之规。大师33岁那年秋季，来到拉萨河地方时，上师仁达哇也来到拉萨，师徒二人驻锡于布达拉宫，互相对一些正法作了研讨，并且为应化有情者讲说了一些嘉言妙论。之后上师复返后藏，宗喀巴大师在觉摩隆寺中住修了一个冬天。期间为许多三藏法师讲说《时轮经》《现观庄严论》《因明》《现对法》等一些论典。这是大师从19岁到33岁间，主要依显宗经论为主讲经弘法培育僧才的事迹。

大师在布达拉宫为僧众广转法轮

八、显经论注满意瓶　修密法诸寺访贤

宗喀巴大师在童年时就已具有通晓显密经论的本性和愿望。早在夏琼寺学经时，启蒙上师端智仁钦就设立时轮、胜乐、密集三大金刚坛城为他进行密宗灌顶，并传授了《金刚界顶最胜吉祥》《五部陀罗尼》《金刚手大论》等密宗经论，取密宗法号端月多杰。大师到达卫藏后，首先将精力主要放在修学显宗经论方面，利用修学经论的间隙，进行闭关修持。当闻思、修学、讲授显宗经论的大部分事业完成后，开始转向寻求密宗经论方面。

一次，他在采贡塘的采寺中遇到了一位精通诸多显密经论、尤精于《时轮》支分的上师——道敦·益西坚赞，于是在这位上师前请求为其传授《时轮》法门。师徒二人结伴来到觉摩隆寺，遂予他传授了《时轮广释无垢光明论》的详细注解，并研习了时轮的正因算法（包括历法和传统修法）等。是年冬季，大师住于堆隆措麦（སྟོད་ལུང་མཚོ་སྨད）和昂噶（ངང་དཀར）二寺，勤奋扎实地修习《时轮》法门，并为一些善知识讲说了不少经论。大师34岁时，欲将所有诸大密续的讲解和灌顶法及其教授秘诀进行一次全面研究，对此为了尊重上师的意见，他决定再次前往后藏。到达后住修于绒区的努却隆寺，在该寺堪布扎巴喜年的尊前，大师又学习了《五次第法类》等各种经教诵授。又在丹却顶寺拜见了邬玛巴上师，这时他听说上师仁达哇去了达仓宗（སྟག་ཚང），于是他随后也赶到了达仓寺，

宗喀巴大师与众高僧在达仓寺举办法会

向上师讲明了求学密法的想法，得到了上师的赞同。这时一些大德也先后来到此寺，其中有译师扎巴坚赞、上师仁达哇、大喇嘛译师端桑巴及一些三藏法师，他们准备在这里举办一次讲经传法会。当时，加上该寺的僧伽大众，约有几百人。法会所需要的生活资料主要由法王译师嘉却巴桑提供，并由他从中联络。他们将聚集在这里的善知识和僧众，形象地比喻为“如鹅王般的最胜善巧诸师，在佛教的莲池中发出欢畅的法音”。法会开始后，由扎巴坚赞讲《现观庄严论》，法王嘉却巴桑讲《喜金刚第二品》，仁达哇上师讲自己撰写的《量释论庄严注释》的解说，还有其他一些大师宣读了论述。

法会期间，上师仁达哇给宗喀巴传授了《密续之王吉祥密集金刚根本续》的解说，但此时宗喀巴大师十分强烈地希望在贡松德钦巴的上师却吉贝哇处听受一次《时轮》教法。一天晚上，他在梦中听见有人说，却吉贝哇在布敦大师座前，听受《时轮广释》达十七遍之多。后来他和却吉贝哇会面时，这与他在梦境中所听到的悬记是一致的。这时上师仁达哇对宗喀巴说："仅探寻这些密宗，需花费很多时间，不如你现在还是讲说经论，会有更大的益处，因此你暂时以讲经说法为佛教事业做贡献，是否更为合适些？"宗喀巴大师回答道："对于密宗学方面，我有强烈的求知愿望，因此我仍须先行探求密法为要。"上师仁达哇看到他求学密法的决心如此之大，就再没有勉强。宗喀巴大师从这里辞别上师，沿着年楚河上游去贡

宗喀巴大师为却吉贝哇上师献曼扎

松德钦寺，专门拜访布敦大师的高足却吉贝哇。却吉贝哇的法号全称嘉央却吉贝哇（འཇམ་དབྱངས་ཆོས་ཀྱི་དཔལ་བ），是一位精通《时轮广释》的学者，不仅精通《时轮》法类，还是一位富有密宗经教和传统修法、教授秘诀的密宗大师。宗喀巴大师与密宗上师会晤的当天晚上，将一匹优质黄绸敬献上师。第二天一早又献上问安的茶饭，同时还献上一匹鹦哥绿的上等缎，请求上师传授《时轮广释》支分等法。当时正逢上师给一些求法者讲授《时轮广释》，已讲到第二品之首，因而上师对宗喀巴大师说：“你来的正是时候，缘起妙善，因为昨天供养的黄绸表示大地收摄次第相，将是能成就圆满次第的征兆，今天早晨所供的绿缎，绿色契合空界，为将能究竟生起次第的预兆，所以你将会圆满完成生起次第之法。尤其是刚好讲到第二品之开首，这是成熟诸方名人之先兆，又是最好的缘起。”这是却吉贝哇上师对宗喀巴学密法将会达到最圆满境界的预言。于是上师仍从第二品开讲，当讲完第二品后，又回过头来重讲第一品。35岁的宗喀巴大师在这里从秋季到第二年春季，一直从上师却吉贝哇处修学密续的讲解、作法指导、瑜伽六支的修法指南等。大师为了修学瑜伽部的经教讲授，首先迎请夏鲁寺主管供祀的却月（མཆོད་གཡོག）、精于瑜伽传统修法的瑜伽师泽旺（ཚེ་དབང）的弟子扎巴、瑜伽师贡桑（མགོན་བཟང）等师前来。因这里僧多事杂，不利于传法，所以大师和所请的几位瑜伽上师离开贡松德钦寺前往年楚河上下交界处的赤扎康寺（མཁྲིས་རྩ་ཁང）。在这里，几位瑜伽师轮番给他传授《金刚界》《吉祥最胜顶》等所有瑜伽部大曼荼罗的绘画弹线、密宗舞姿音调、曼荼罗仪轨的汇编、结密宗手印法等法，大师废寝忘食地反复修炼后，达到了十分熟练的程度。

一天晚上，大师于梦中见到一高大的法座上，端坐着一位高寿的大喇嘛，他头戴五佛冠，手执金刚铃、杵，他自己也坐在老喇嘛高座前面的平地上，只见老喇嘛起身离座来到他近前，然后按顺时针方向绕他三周，从其佛珠中还发出“唉嘎巴姿嘎巴”（ཨེ་ཀ་པ་ཙེ་ཀ་པ）的咒音，喇嘛将金刚铃置于大师头顶上说道：“今取名为噶玛班咱（意为“业金刚”）。”言罢仍坐于高座上。大师梦醒后，在思考所做之梦：“以前自己的密号是端月

梦境中，琼波勒巴上师用金刚铃、杵为宗喀巴作加持。

多杰，梦中所赐密号‘嘎玛班咱’意为‘羯摩金刚’，与前面的密号一样，亦属于羯摩部（威仪种姓）的名号。置金刚铃于头顶，意为作了金刚加持。”大师将所做奇梦告诉了几位瑜伽师，他们立即判断出这位灌顶的上师就是夏鲁派著名密宗大师琼波勒巴（ཁྱུང་པོ་ལྷས་པ）。之后，宗喀巴大师复来到贡松德钦寺。夏季三个月中，亲近却吉贝哇上师，心静神凝地钻研《金刚鬘》的灌顶经教指导解说，以及密宗舞姿、弹线、音调三种传统做法，获得了丰硕的成果，成为善巧通达者。另外，他还聆习了“佛世尊金刚手大轮”的灌顶经教、教授秘诀等深广教法。因上次所做奇梦经常萦绕在他心中，这时他打定主意前往夏鲁寺专访琼波勒巴密主。一天晚上，大师又梦见一高位法座上，一位老喇嘛以自然善妙的姿态坐在那里，自称是琼波活佛，大师亦坐于喇嘛的座前。喇嘛双手解开自己的胸部僧衣，坦露胸间，命大师细看，大师清楚地看见喇嘛的胸间由长长一行咒鬘围绕多层而形成的咒轮，“咒”字明晃，于是对所有咒文念诵了一遍。大师后面所做奇梦，预示着这位上师将金刚乘四部密续的所有灌顶甘露全部倾注于他的意瓶中。密宗法号“噶玛班咱”，预示大师将会成为广弘佛教事业的主宰。梦兆的后段，表示因作如是灌顶次第，已成熟了大师的身心。喇嘛胸间的咒轮是对大师明显地表示，琼波上师心中拥有怎样的金刚乘的经教和修行教授、经教诵授和所有现证功德等，并授记大师也拥有如所明示的一样功德。第二天，大师急忙收拾经卷等随身用品，辞别却吉贝哇上师去了夏鲁寺。到寺后，立即去拜谒了德高望重的密宗上师琼波勒巴，大师一见这位密宗上师的尊颜，与梦中所见一模一样。上师因宗喀巴的到来，也满心欢喜。琼波勒巴上师法名全称“琼波勒巴·循努索南”，是布敦·仁钦朱（1290～1364年）大师高足弟子中精于瑜伽法的顶饰弟子。“琼波勒巴”是西藏山南村堆地方的一地名，循努索南是他的法名，他成名后以出生地琼波勒巴冠于法名前，地名成了他的名号。

宗喀巴大师在夏鲁寺从琼波勒巴处学习密法

这是大师自学密法以来的两次奇梦，是一种特殊的象征。琼波勒巴上师见宗喀巴是一位在修学显密方面均具有很深根器的弟子，所以毫不保留地将瑜伽部诸大曼荼罗为主的下部密续的经教，以及胜乐轮鲁赫巴和纳波巴的传规等无上大密全部传授给他，金刚乘经教和教授秘诀之法雨注满了大师的心田。大师十分勤快地服侍授密上师，赢得了上师的欢喜，由此，上师特设密法坛城，将所有的密宗灌顶法，以灌顶的方式传给了大师。琼波勒巴上师说："现在我所具有的法已全部交付于法主，我的愿望也实现了，功德也圆满了。"宗喀巴大师在时轮法类和瑜伽续法类方面从夏鲁寺几位上师处尽得其传后，拜谢了上师，从夏鲁寺又前往日喀则地区巴南宗（今之巴朗宗）的帕巴日山寺，请求喇嘛德钦却杰巴瓦上师传授密法。该师为宗喀巴传授了《金刚心要释》《金刚手上集释》《那若法门广释》以及"时轮"分支的教法，并讲授布敦大师所著的两种传规的《密集》经教解说等一些佛法。随后大师又从帕巴日山寺去了德钦寺。他迎请帕巴日山寺中精通夏鲁派的瑜伽法类的大德坚参扎巴前来德钦寺校正瑜伽法类的舞姿和音调等传统做法，使之更准确、更和谐。同时在此师尊前聆习了布敦大师所著的《金刚生起广释》《瑜伽根本续摄义》《释续金刚顶》《吉祥最胜》《净治恶趣续》等，以及《现见自性》《果夏那广严续》《吉祥最胜广释》等经文教授。宗喀巴大师在学习密宗经论方面，不论是印度班智达诸论师的著作，还是卫藏各教派的著述，凡符合大乘佛教教义、有益于众生有情的著作，他绝不偏废，只要能找到的，皆遍览无余，学以致用。

另外，大师对于《秘密总续》《妙善成就密续》《妙臂问经》《禅定后续》《妙吉祥根本续》《最胜明慧续》《金刚手威猛续》《摧坏金刚续》《毗卢现证》《根本续自性集续》《释续金刚顶》《金刚界》等许多下部密续经典的要义，以及个别曼荼罗、灌顶、修法、舞姿、有相和无相瑜伽的作业及其补充部分，密续部各自的特点及附加庄严法等，他都做了悉心探研，并一一掌握。对《吉祥密续根本续》密典的"父续"与"母续"，被印度论师们称赞为"日"和"月"。这部密典的释论为大论师月称所著，名《明灯论》，宗喀巴大师对此论著如获至宝，反复研习。书读百遍，其义自见，最终达到了炉火纯青的地步。同时对夏若达噶拉瓦玛著的《七庄严论》，姿鲁巴著的《释论大宝树》，智麦巴著的《释续释论》，多杰协巴著的《释论》，鲁绛巴著的《智慧金刚摄义》《次第建立》《密意悬记》《五次第摄要明解》等密典逐一进行了研习。

在胜乐密典方面，他先后闻习了《胜乐根本续》《阿毗达磨续》《空行海续》《瑜伽母威仪》，纳那多杰的《胜乐上集续》《胜乐总纲生起》以及噶敦扎巴的《胜乐金刚续》、巴沃多杰的《难义释显示宝性》、白玛班扎的《胜乐注释》、班智达诺桑的《空行海释续》等。

宗喀巴大师博览经论，凡符合大乘佛教教义、有益于众生有情的著作，他绝不偏废，只要能找到的，皆遍览无余，学以致用。

在喜金刚密法方面，大师对萨迦说规作解释的《喜金刚第二品全部解说》《金刚歌秘释》，多杰鲁白的《释论》，措杰的《具莲释论》，穆图达哇的《桑布哲释论》，辛德巴的《释论珍珠鬘》《那若广释》《六法》，香曲旺布的《宝帐难义释》，晋美迥乃的《教授花穗》《金刚空行》《金刚宝帐》，以及共与不共的释续、正本等进行了博览专攻。

在吉祥时轮密典方面，大师对《时轮本续一万二千颂释六万颂》《时轮略续三万颂》，白玛噶布所著《广释无垢光明论》，索玛纳塔所著《释论》《瑜伽六支指南》《那若法门广释》《金刚手上集释》《金刚心要》广释的支分及其附注补遗等逐本进行剖析研究。

对大威德金刚法类和白伞盖佛母法类，大师也分类进行了详尽的研习。其中大威德金刚方面的有《红色阎曼德迦续》《黑仇阎曼德迦续七品各节释》及端约多杰、措结多杰等译的《梵文藏译释续》，另有热译师等所著的《一切关于阎曼德迦续义》等。

白伞盖佛母的密法有：寒林尸林法类、大孔雀明王法类、大千轮法类、叶衣母法类、救度母法类、独髻母法类、擎眉度母法类、尊胜佛母法类、不幻金刚法类、妙音佛母法类、马头金刚法类、金刚手法类、大鹏金翅鸟王法类等许多忿怒金刚法类，以及无量寿佛法类、妙吉祥（文殊）法类、弥勒法类、观音法类、金刚空行母法类、狮面佛母法类、象鼻金刚（财神）法类、毗沙门法类、赞巴拉（财神）等法类。

对上述这些密宗法类，他分门别类地详加研习后，一一心领其意。这些宝库中的密宗法，既庞杂又高深莫测，而他以顽强的毅力、敏锐而犀利的智慧一一辨析，吸收有益的养分，凝练成知识的结晶。宗喀巴大师在学经修法方面不持门户之见，对噶举派、噶当派、萨迦派、觉囊派、息结派，甚至宁玛派等教派诸大师所著论典及稀有教法、耳传密法及其许多释论，他也广采博纳。因为他清醒地意识到，佛的根本大法是一致的，只不过各教派在修学佛世尊根本正法的过程中，各有独具特色的法类和不同形式的修学方法而已。他对噶举派的诸多论著亦有研究，如《岗昌传规的生起次第》《大手印五俱》《至尊干波巴全集》《帕摩竹巴全集》《林热巴全集》《季敦贡波全集》等，以及止贡巴的著作，玛尔巴和米拉日巴的著述及教言；噶当派的大小论著，如阿底峡的《菩提道次炬论》，博多哇的《喻法聚宝集》《蓝色袖珍集》《噶当六论》，卓隆巴和郑勒巴的《教法次第》《道次第》，仲敦巴的《师徒问道录》等教法。据说大师还曾修学过宁玛派绒松巴的《大圆满见修教授》和隆钦巴的《大圆满心性菩提道》等方面的密论，将息结派的性空论和断证法以及觉囊派的“性空”“他空”“自空”等与自己的“缘起性空论”进行对照比较、分析研究。除佛学经典外，大师还潜心修学了藏族传统的大小五明论。[大五明即：工艺学、医学、声律学、正理学、佛学（内明学），小五明为：修辞学、辞藻学、韵律学、戏剧学和星算学等共十明学科。]讲具体一点，如他曾研究过绘画佛像、铸造佛像的度量等工艺学技术，他为母亲绘画的自画像便是一幅绝妙的佳作。他在采贡塘寺从官却加布学习藏医学，成为一位名医，后利用时间学习圣龙树和马鸣等印度论师的《八支分支医明论》等医药学知识。关于声明学、诗学、韵律学、佛乐、密宗舞姿、音调等等在上文中已详细介绍过，此处不再赘述。

宗喀巴大师一生博览显密群籍，亦是采用泛读和精读两种方法。对于一些一般性的著作他只是泛读而已，只明了其义就行，而对一些雪域内外的名著，他则采用精读的方法，读深读透，不唯明字句，而且得精神。对这一类著作他在“通”字上下功夫，融会贯通，闻一知十，举一反三，由此及彼，触类旁通。到大师著书论说之时，知识的闸门一开，佳言妙语、高深大论便源源不断地涌现出来，任凭大师驾驭，挥洒自如，故他的名著一部接着一部地展现在僧俗大众面前，成为格鲁派的思想理论基石。

九、有缘者学传密法　无根器密法不传

宗喀巴大师33岁以后，在继续修学密法的同时，开始弘传密宗经论，并且大师在传授密法时很讲究传授对象的根器。他认为，传授密宗法不像传授显宗法那样普遍宣讲，首先要观察传授对象是否具有修学密法的德相（即根器），如具有接受密法的根器，并诚心求法者，便会毫不保留地传授适合的密法。大师在山南沃喀强巴林寺中，为许多具缘求法者讲授“道次第及生圆二次第”的一些教法，并按鲁益香曲的《建立次第注疏》，讲说“五次第的要义”、三次第的“幻身修法”等。后来大师又根据自著的《密宗道次第广论》讲授密宗四续部的难点要义，在绛曲隆寺为几百三藏法师讲授了这部著作。翌年，在色拉却顶寺静修作夏令安居时，又为这里的具缘弟子讲授了“密集五次第”以及一些“母续的圆满次第”。之后，又依《根本智论》《辨了不了义论》《四百颂》和《密宗道次第广论》等为具缘求法弟子进行了讲授。同时，还详细讲述了《根本堕罪解说》《事师五十颂》《道次第》等的解说指导。后又应噶瓦东寺、觉摩隆寺、司普寺、塘萨巴寺等寺院之请，先后为600多三藏法师详细讲授《根本智论广释》的教义及《菩提道次第》《辨了不了义论》《密宗道次第》《根本罪》《事师五十颂》《四百颂》等显密经论。大师在色拉却顶静房住修了两年，次年夏令安居解制后，由阐化王扎巴坚赞请至下吉麦（སྨད་སྨད）的枳吾隆寺（སྐྱལ་བ་ལུང）。一到寺，就有约500善知识前来为大师作侍奉，还有从各地慕名而来的听受正法甘露的僧众，共约上千人。大师为他们讲授

大师应阐化王扎巴坚赞的邀请前去下吉麦的枳吾隆寺讲经

《道次第》和鲁赫巴传规的《胜乐修法》以及《母续圆满次第》等。

大师54岁时，即金虎年（1410年），在噶丹寺作开光仪式时，为一些具缘弟子和僧伽讲授了《道次第》《密集五次第明灯论》《阿毗达磨杂集论》《瑜伽师地论》等许多显密教法，同时又讲传了关于因明学的许多难义及大师写作的《密集释论四天女启问集》《智慧金刚》两集的广释，还为部分有根器的弟子专门传授了“金刚鬘内部曼荼罗四十二种圆满灌顶和经教”。

为了广大有缘学僧便于修学密宗经论，大师首先在自己的主寺噶丹寺中修建了阳巴金密宗佛殿，有人称该殿为“广严殿”。殿内设密集、胜乐、大威德三座金刚坛城，塑造了许多用不同质料铸造的诸多密宗佛像和各种法器，以便让修学者在坛城实施灌顶和修学观想。继之哲蚌寺和色拉寺建成后，又专门建有密宗经院。水牛年（1433年），大师的密宗高足喜饶僧格分别在后藏与前藏建成“色的密院”和下密宗学院，作为卫藏修学密法者深造密法的法苑。当格鲁派寺院在卫藏、康区、安多、云南、蒙古各地普遍兴起时，每座寺院中除建立显宗学院外，多建有密宗学院，这也实现了宗喀巴大师的先显宗，后密宗，显密兼修的宏愿。

大师对密宗法的修学极其深刻广博，他在卫藏为具缘弟子们讲经传法后，听受经论者普遍反映，大师不论讲何种显密教法，皆能深入浅出，通俗易懂，哪怕只是讲一遍，也比其他学者讲说多遍收效更大。在英桑泽巴活佛（ཡིད་བཟང་རྩེ་པ）的著作中也说："大师讲说一遍《时轮根本续》，比其他喇嘛讲说百遍效果更佳。"大师讲说经论，为什么普遍受到学者、活佛和僧众的欢迎呢？对此只有一种合乎一般规律的解释，即大师修学显密经论或十明学科，不是浮光掠影、不求甚解，而是深入到书林的"腹地"，尽情采撷，深钻精研，融会贯通，将浩瀚的内容变成自己的知识学说。他讲经时把死的书本知识变成活的教材，灵活地讲授给广大听众，所以闻习者易懂易记，印象深刻。因此西藏佛学界的有识之僧，都纷纷前来宗喀巴大师尊前听受显密经论，正如《萨迦格言》中所说："若是真正有学问，人们自然会请教，香花尽管在远方，蜜蜂还是像云朵一样环绕。"

宗喀巴大师从17岁开始在卫藏学习显宗经论到36岁学完密法，在各教派寺院中先后事师40余位，基本完成了他的学业，成为精通显密诸论及十明学科的一代宗师。这时他在雪域广弘佛教正法，引导有情众生走上解脱之道的宏愿还未完全实现，所以他仍修学不止，讲辩不断，为振兴卫藏佛教事业继续艰苦奋斗着。

十、游辩场辩才无碍　精哲理舌战群雄

学习佛教经典时采用辩论的形式，早在古印度的佛学家龙树师徒和法称师徒中便已广泛应用，大家一致认为这是学习佛法，尤其学习佛教哲学（因明学）的一种行之有效的方法。龙树为此还专门著了一部《回净论》，法称著了一部《辩难正理论》，书中论述了立敌争辩、辩论胜负等。当佛教传入雪域后，在西藏的各教派中也纷纷效仿此法，但那时尚未将其系统化和规范化，也未能形成一种考试制度，只是作为一种辩论胜负的手段。

公元12世纪初，西藏噶当派桑普寺的一位名叫恰巴·却吉僧格（1099～1169年）的藏族佛学家首创了辩经制度。在藏传佛教因明学中，首先由恰巴·却吉僧格等依经部师规范括量学要义，分门别类，成为专科，名摄类学（对因明如启门钥匙，为初学法相理论者必修读本）。学习显密经论时，却吉僧格要求学僧首先学习辩理，然后学习因明、中观、般若、俱舍、律论等五部大论。学习中实行问答的形式，由一人提出自己的观点（论点），另一人回答对方提出的问题，双方进行辩论。辩论的目的是使学僧对所学知识易记、易理解，短时间内掌握知识多，进步快。同时规定，辩经时还需具备辩经三方，即立宗者、对辩者和裁判三方。辩论者双方亦需具备三要素，即智慧具足、心机熟练、经籍通晓。辩论四根本则为主张、见解、戒禁和我论。辩论三过失：内容过失、思维过失和语言过失。为了防止骄傲自满、辩论过失，特规定辩论七美德，即气度轩昂、语言文雅、语不伤人、道理犀利、不懈不骄、不舍正理以行狡诈爱恶、成就自他两利郑重从事等。此后，各寺均以此为辩经准绳。直到15世纪，桑普寺一直都是西藏讲授因明学的中心，后来在拉萨西南又修建了一所辩论因明学的道场——绛普寺。自此，寺僧每年夏季在桑普寺辩经，冬季在绛普寺辩经。继之，前藏出现了聂塘极乐寺、贡塘寺、大昭寺、觉摩隆寺等六座讲辩因明论的寺院。六大寺之后又发展到后藏的萨迦寺、纳塘寺、夏鲁寺、昂仁寺、沃喀泽当寺等。

宗喀巴大师入藏后，一面拜师学经，一面以所学经论立宗辩论。19岁那年，初次在聂唐极乐寺和桑普寺等寺的辩场中立《现观庄严论》为宗进行辩论，当时谁也没有把这位初来乍到的年轻人放在眼里，谁料这个年轻人声音洪亮，语出不凡，于是大家使出浑身解数争先向他发问，最终还是没能难倒他。只见他从容不迫，对答如流，因此，桑普寺的这次辩经使得宗喀巴开始崭露头角，名扬整个西藏。之后，大师又赴后藏萨迦寺，在该寺以《般若波罗蜜多》《现观庄严论》为宗，与寺僧进行辩论。24岁时，大师从前藏来到后藏，住修于纳塘寺，在夏季法会中，他以《量释论》《上下对法》《根本论》立宗进行巡回辩论。是年，宗喀巴大师和仁达哇上师又一次来到萨迦寺，与诸论师巡回辩经。然而那时当地的辩论场所，除因明论外，还没有提倡辩论其他经论之规，因此只好作罢。大师立即又从后藏来到前藏，于三月初十从贡塘寺开始，依次周游了桑普寺、泽钦寺等辩论场。因五部经论中《现观庄严论》已辩论结束，大师只好立其他四部经论进行辩论，辩论结果不言而喻。之后大师又来到年楚河上游，住修于乃娘寺，此时该寺僧众正在修“陀罗尼”法，但依旧利用修法间休时间，与寺僧就《现观庄严论》进行辩论。按理以大师的渊博学识、敏捷的思路、洪亮的声音、雄辩善论的才智，足以驳倒每一个对手，但他将辩论只是看作一种学习手段。通过辩论，使双方取长补短，解决疑难，加深对教理和教义的理解，才是他辩经的真正目的。

宗喀巴大师在噶当派名僧恰巴·却吉僧格的辩经理论和制度基础上，认真进行取舍，增补适合格鲁派学僧讲、辩、著的新内容，逐步形成格鲁派的辩经考试制度。当噶丹、哲蚌、色拉三大寺建成后，按各寺的具体情况和特点，将这种辩经考试制度更加系统化、规范化，特地制定了一些各寺普遍实用的条例和遵循的原则，如辩经者所具备的条件（有熟练理论的智力，以经义为教戒的行持和擅长辞令的口才，辩经双方注意的事项）等等。

大师和弟子们为了让格鲁派僧众学习和掌握五部大论，对印度众论师的五部论典和其他经典经过精研细钻后，写出了许多卫藏学僧应用的论著。大师著有《因明大疏》《辨了不了义论》《般若善说金鬘》《中论广疏》《入中论注释》《菩提道次第广论》等。他的大弟子贾察杰著了《集量论疏》《释量论注释》《量抉择论广疏》《正理论疏》等。克珠杰著有《因明七论除暗庄严疏》《现识学注释》《释量论广疏》等。尚有许多大德著有关于五部大论方面的著作，卷帙浩繁。这些著作刻印后，作为寺院学僧学经、讲经、辩经的教科书。

十一、宗西寺一派颓象　整寺容重现佛光

修缮宗西寺是宗喀巴大师一生中的一件殊胜功德。宗西寺全称“宗西噶丹强巴林”，位于西藏山南专区桑日县沃喀宗西地方。宗西（རྫོང་ཞི）为地名，宗西寺建成后以地名取寺名。该寺是康区噶举派喇嘛格西嘎木·云丹永仲遵照东律初祖喇钦·贡巴饶赛（952～1035年）之命，约于10世纪时建成，当初殿宇巍峨、气势雄伟，殿内主供一尊由贡巴饶赛敬献的极有加持的弥勒佛铜像，因此又称弥勒佛寺。寺院兴盛之时，有寺僧500余人，后因沧桑之变，寺院逐渐衰落下来，佛殿陈旧腐朽，佛像积满厚厚尘埃，鸟粪斑斑，致使寺院一派颓象。宗喀巴大师于水鼠年（1393年），即36岁时带领八大弟子，专程来到此寺，目睹佛寺如此凋零的景象，心中难过留下了悲泪。为全面修缮寺院，大师请求沃喀达泽宗做施主，出力献物。达泽宗的“宗宏”（头人）立刻带领工匠，将寺院和殿堂墙壁、地面、屋顶等进行了维修。当修至佛像和绘画时，大师准备将师徒十二人手中的所有钱物及设供“朵玛”（食子）的工具等收集起来，变卖为钱，最终也才凑集了白银十二钱，仅靠这点钱是远远不够的。大师遂产生了向“毗沙门”（财神）设供朵玛求财的念头，无奈手中连几斤酥油都没有。此时，恰好有一位出家人供来了一包酥油，依此和糌粑做成朵玛，供于财神尊前，求财神佑助完成修缮工程。好事真的接踵而至，如此，手头渐渐有了钱物，便开始准备彩绘工程，此时此刻，正好从雅隆地方来了几位画师，他们还带来了矿物彩色颜料，接受了绘画任务。绘画前，大师对诸画

师作了近住斋戒和长净仪式才让他们开始绘画，而且对其他做杂工的人，也让他们远离一般世俗之语，多念诵发愿颂文。绘画和维修佛像的工作，按大师的部署全面展开。绘画师们在绘制三十五佛佛像时，不知道三十五佛的身色、手印和所持法器，无从画起，于是请教大师，大师作启请后，刹那间，三十五佛现殊妙身，全部立于虚空中。画师们亲眼看到此种不可思议的幻景后，感到又惊又喜，于是以最恭敬之心和最快的速度把这景象全部描绘下来，这是西藏自古以来第一幅三十五佛绘图身像，目前西藏佛教各派所采用的三十五佛图像，均以此为蓝本。对弥勒佛等铜质佛身像，画师们首先用藏红花煮成的水汁涂身，晾干后用净布擦洗除去污垢，再用金汁涂身，佛像便可重现金身，光辉映殿。

大师作启请后，宗西寺上空出现三十五佛幻身。

这时，至尊文殊向宗喀巴大师劝请道："十方一切诸佛对至尊弥勒怙主作大光明灌顶，你须写一篇赞颂词。"大师应命作了《弥勒怙主赞大宝明灯》，同时又撰了《往生极乐愿文开胜刹土》的愿文。相传，大师撰写颂文时，用炭笔素描出至尊文殊庄严佛之刹土，经开光法事，亲见至尊文殊身前来融入此画中。当晚大师即在文殊身像前，燃供一盏酥油灯，从傍晚起直到第二天中午，竟出现灯油未尽、持久不熄的奇迹。当修缮宗西寺工作圆满竣工后，又建立起文殊秘密曼荼罗，宗喀巴大师为曼荼罗主尊，对以弥勒金身为主的一切佛像作了盛大开光仪式。在庆祝开光圆满的宴会中，沃喀地区的一些寺院僧人和一些附近经商的安多人前来祝贺，并奉献一些绸缎等礼物。于是用这些绸缎做了诸佛的服饰以及壁画上的挂幔，在弥勒佛前贡献三法衣、锡杖、钵盂、敷具、滤水器等全套沙门用具。

开光仪式后，大师应洛扎堪钦·南喀坚赞（1326～1401年）之请，前往洛扎拜访上师，几天后又回到宗西寺，朝礼弥勒怙主像，并在寺内举行祈愿法会，在15天的时间中不断做盛大供养，同时发一伟大宏愿，祈愿佛法与一切众生，在现世和未来的时间内都能获得增长利益和安乐。据说，那时大师观想并祈祷迎请所供诸佛时，不一会儿便迎来了东方的一切如来，都是白色的毗卢遮那身像，遍布于东方的虚空界。还有南西北和上方的一切如来，皆乘祥云云集在天界上空。

自宗喀巴大师修缮后，宗西寺旧貌换新颜，大师委任沃喀嘉赛仁波且主持寺院。后宗西寺在历史上几经维修，至今仍壮观地屹立于沃喀。寺内在原弥勒佛身像的右侧，又塑造了一尊药泥弥勒世尊和一尊大悲观音像，左侧塑有金刚手菩萨像、千眼千手观音像、释迦牟尼佛像。周围塑有八大菩萨像，另外还塑有寺院的创建者嘎木·云丹永仲、宗喀巴师徒三尊像，供有宗喀巴大师的手印和脚印石，三十五佛的旧壁画等。寺内还塑有十二世达赖喇嘛程列嘉措的像，因他是沃喀地方人，因此也倍受当地信徒的供奉。

十二、互为师赐赠法礼　广招贤雪域弘法

1396年大师39岁，此时的他对洛扎·南喀坚赞及其上师堪钦·却嘉桑波师徒二人的声名早有所闻，于是他带领弟子专门去拜访堪钦·却嘉桑波。在大师还未到达这位堪钦所住寺院的头天晚上，堪钦上师梦中见到阿底峡尊者来到其近前。第二天他和宗喀巴会面后，在谈论显密教法时，堪钦上师看出宗喀巴与阿底峡的长相一模一样。堪钦遂以优质绸缎三匹献给宗喀巴大师求传经法，大师面显难色地说："在光明如日的大知识前，我就如萤火般渺小，如此怎敢高居法座讲法呢？恳请大师先为我传法吧。"由于大师的至诚请求，堪钦上师慨然为大师传授了《道炬论释》、措那哇《道次第》、卓隆巴《教授次第》等经教。经堪钦再三请求，宗喀巴大师也为其讲授了阿底峡的全部教授和《密集五次第道》诸要点，以及龙树师徒的"密意要法"等许多显密要义。

互传佛法后，宗喀巴大师问堪钦上师道："你的弟子大成就者洛扎哇，他接近的其他上师是何人？他有如何的身、语、意功德？"堪钦上师说："最初的上师是堪钦·嘉色桑布，该师曾不断地亲见观音菩萨。此后，他亲近的上师是佛陀替身门扎哇·慈诚扎西，这位上师有无碍神通，而且精通显密，尤其是善巧现对法藏，犹如印度论师世亲再世。洛扎·南喀坚赞所具有的德慧，如你所具有的智力一样。他还有一位上师是堪钦·门扎巴，金刚手菩萨曾开示门扎巴说：'洛扎·南喀坚赞是阿阇黎雅德哇

和桑杰益西贤的转世化身。’”宗喀巴大师听了堪钦·却嘉桑波的介绍后，对洛扎上师也产生了极大的敬信，准备再前往洛扎上师处求法。

堪钦上师原先主要依止唐萨巴修习正见，因此他对宗喀巴所讲的“中观”正见难以理解，于是启问本尊不动如来，说：“法王罗桑扎巴的正见，究竟属于哪一种？”答曰：“是无误的释迦牟尼佛世尊的清净究竟正见。在无上金刚乘的阶段中，即使最高深之无上密法，也不能逾越此清净正见，你应当依此为主而修。”又问：“那么，措纳哇的正见也是这样的吗？”答曰：“他也是为了生起龙树的正见而修习的，菩萨宝贤和罗桑扎巴是毫无差别的。”从此以后，堪钦上师即以一切智宗喀巴大师正见作为主要修持。初修时他指着台阶发誓说：“如果我不证得‘不退转相’，绝不下此一层台阶。”不久他也获得“不退转相”的征象。再说宗喀巴大师前去周阁（བྲག་གོར），在距周阁地方尚有约250市尺的距离时，有一种戒香（戒香，是指守戒谨严者身上所发出的类似旃檀的香气，吸入鼻中，可爽身清脑）味扑鼻而来，到底是谁的戒香呢？当时有一位名叫堪钦·桑协哇的人正好住修在该寺，他见宗喀巴大师到来，十分高兴，遂向大师请求传法。大师应请对其传法一个月之久，每日上午、下午、傍晚三时各讲一座法。有一天，仁钦岭寺的堪钦·却嘉桑波吩咐近侍弟子备好马鞍，亲自骑行到周阁寺去迎接宗喀巴大师。于是，宗喀巴大师在堪钦·桑协哇的陪同下来到仁钦岭寺。大师见堪钦上师时笑道：“恭喜啊，上师终于达成愿望，心中已获得‘不退转相’征象。”堪钦上师与桑协哇面面相觑，皆暗思宗喀巴大师已证得无碍神通，不然怎么会知道他的修炼达到何种境界呢？当桑协哇前往经院后，以前的那种戒香味亦随之消失，因而大师肯定知道那戒香味来自何人之身了。

大师在仁钦岭寺住修了一段时间后，又前往洛扎地方的洛扎卓沃隆寺，此寺于金蛇年（1041年）由玛尔巴大师兴建。洛扎·南喀坚赞听闻大师前来，很早便出来迎接，洛扎上师清楚地看到在绚丽的光网中至尊文殊莅临。与此同时，宗喀巴大师也看清了洛扎上师就是金刚手菩萨的化身。洛扎上师身高膀宽，面色红润，腹部圆而鼓出，如蓝吠琉璃，亦有兰花蟒蛇盘绕护围。据说这副模样是显示利益众生的象征。茶毕，大师又在洛扎尊前聆习了“上师瑜伽法”。第二天黎明时分，洛扎上师的耳中传来了“在弥勒近前，当请说《集学论》”的洪亮声音，洛扎上师马上领会到这是金刚手本尊给他传递的信息。于是，早餐后洛扎上师请求宗喀巴大师传授《集学论》，大师说：“既然是本尊圣意，我也就没有理由推辞。”于是为其讲授了《集学论》等诸多教法。洛扎在听法时看到宗喀巴大师头顶现有至尊弥勒，右肩上方有白色文殊，左肩上方有妙音佛母，以及四臂观音、六臂怙主等护法空行环绕，此时已七十高龄的洛扎上师对宗喀巴大师又一次生起无比的敬信。宗喀巴大师也极为尊敬洛扎上师，他将“五部陀罗尼不忘经”单独传授给了洛扎上师。上师也认为自己年事已高，不能将已拥有的教法带到极乐世界去，于是将自己的《全集》，《菩提道次第》的两种教言，金刚手所说的不可思议的密法教导、经教、随许灌顶，金刚手五尊随许灌顶，金刚鬘问答，欢喜鬘问答之经教，金刚手五鹏灌顶，独

宗喀巴大师与洛扎·南喀坚赞上师互传经法

勇三面六臂马头金刚随许灌顶，以及噶当派的经教等毫不保留地传给了宗喀巴大师，同时还为大师的一些弟子传授了许多教法，这次宗喀巴师徒是满载而归。临别时，洛扎上师预知宗喀巴大师在45岁时将有寿障灾记，所以他特为宗喀巴大师授“吉祥大轮甘露精滴”的生圆二次第甚深教法，并指示大师，此次若从这里前往咱日和涅区等处朝礼，并做有益于佛教和众生之事，都有成功的可能。大师一行谨遵师命，从洛扎向咱日方向去了。

火鼠年（1396年），39岁的宗喀巴大师到涅区（即今之山南专区隆子县）时，在一座金粉塔前做了盛大供养，并对那里的众生讲了许多毗奈耶教法。大师向他们再三叮嘱：“一切功德的根本，应当将所遵守的戒律清净无垢，就我本人来说，对于别解脱戒的他胜、僧残粗重等堕罪，从未违犯过，发现一些犯堕、恶作等情况时，应当忏前戒后。”大师让僧俗大众都这样做，都不犯过、不违戒。尤其是至尊文殊的言教说，应当圆满具足出家相的装式，皆应依律而行，哪怕是细微的戒规都应防微杜渐。就是所有的轨范师，在迎送驻锡往来之时，也须守持三法衣、敷具、钵盂、滤水器等沙门应具的装饰之规。这方面，大师以身作则，在僧俗中标立了典范。大师在开示为何如此作的原因时说：“如本尊鼓励我的教言那样，因为不忍心佛教教法衰退下去，才有条有理地整顿戒规的，而绝不是为了显示比他人特殊而做的。”

大师在涅区的岗琼寺住修时，对该寺的僧众教授了各种教法，由于大师的悲心感召力，寺院附近各村庄的信徒信民，也对大师产生了敬仰之心。为振兴佛教，这里的僧俗大众制作了数以万计的小泥塔、佛像等，大师的声名在雪域日隆，这是其在藏区为复兴日渐衰落的佛教所做的又一大功业。这次传法供养、造塔塑像的盛会，在隆子宗僧俗大众的心灵深处打上了深深的烙印。

宗喀巴大师一行做完这次殊胜功业后，又到涅区下部的僧格宗（今山南专区僧格县）住修，潜心地研究修持“时轮”金刚圆满次第六支瑜伽等修道之诸要点，生起了无误的定解，获得了无畏的辩才。这时妙音佛母前来为大师点化：“你能享寿57岁，在此期间，能完成无量的利益和自他事业。”大师启问佛母：“如果在至尊佛母（增寿佛母）身像前，勤行祈祷请求加持，并多作念修，能否比这寿数再长一些？”答曰：“主要由于往昔的愿力，以及对于辨别诸法的智慧意趣之力，唯有使才智辗转增上，因此只能有那样的寿数。”至尊文殊对道丹·绛白嘉措（1356～1428年）说：“从今以后，应当特别注意修习消除寿障灾厄之法，并妥善地结合延寿的内外缘起，这样做虽有一些困难，但能消除寿障灾厄。”道丹巴将此事向大师做了汇报，大师也说自己近来总是不断发现至尊文殊的身像和语教。对此，大师又向本尊求教。本尊指示应如何这般而作，以及某年某月日时中，将会通达。

大师的侍从中，有一位亲见文殊身像和语教的弟子，正是道丹·绛白嘉措证士。其实道丹巴早在宗喀巴大师进入卫藏不久后就与大师结识，此人也是安多宗喀地方（今湟中县坡家乡坡家村）人，与宗喀巴大师是同乡，相互为师，后来又做了宗喀巴大师的弟子。道丹巴比大师年长一岁，17岁时，在湟中西纳川萨迦派的桑珠林寺出家受戒，并担任该寺的格贵喇嘛，18岁时与人结伴赴卫藏求学正法。按入藏年龄计算，他与宗喀巴大师是同年抵达前藏的。到拉萨后，道丹巴考虑到如果入寺学经，寺内僧多事杂，不能专心学法，久而久之亦会心生散逸，养成惰性，虚度时光。于是道丹巴决心不进寺院，而是在各地道场游学。他先后拜喇嘛雪隆措喀巴、达隆译师、轨范师官却森格、扎恰堪布格敦等为师，修学所有显密经论，掌握了五部论典的基本要义。当游学至聂塘极乐寺时，宗喀巴大师正在该寺为僧众讲授《宝性论》经典，他即刻加入听众僧列，认真聆听后一一领会于心。道丹巴十分敬佩宗喀巴大师的讲经说法，遂拜宗喀巴为根本经师，大师也非常高兴地收下了这位同乡学僧，并语重心长地对他说：“要想很好地修学佛法，首先必须精读一些开派大师的经典著作，欲想明辨佛学理路和哲理，必须学习《因明论》。”他遵照大师的教导，悉心钻研佛学，为了学好《因明论》，又到桑普寺等一些寺院从师学习，并开始练习辩经。

自宗喀巴大师处聆习了一些重要论典，觅到了正理论的要谛后，他从邬玛巴和宗喀巴大师处又聆习了关于文殊法类的胜乐论，进行修习时，梦中出现了文殊道场圣地的奇景。在沃喀宗地方，邬玛巴专门为道丹巴传授了文殊修习法，宗喀巴大师也将自己获得的文殊菩萨修习法全部传授于他。道丹巴按二师所授之方法潜心修炼，明显地见到了文殊菩萨的尊容。从此，道丹巴成为宗喀巴大师后期八大弟子之一，宗喀巴大师修习期间，八大弟子每人七天一次轮流为大师静修服务。道丹巴主要靠采食柏树仁的精华修炼而著称于世。道丹巴概括了二师亲训口授所有经典之要义，及密集、胜乐、大威德三法的生圆次第之精要部分，获得

宗喀巴大师给同乡学僧道丹巴授经

了许多甚深道法类的秘诀，特别是噶丹耳传密法的全部教授，断除了一切疑虑不解之迷惘，心中豁然开悟。宗喀巴大师知道他是一位与噶丹耳传密法有缘的殊胜弟子，后来将囊括显密二宗精要的耳传秘诀之噶当派的《神变书》（又名《弟子问道语录》）一书也传授于他。自此，道丹巴将《神变书》这部秘典不仅掌握在手中，还细读精研，应用于密法的修炼中。道丹巴经长期修习密法和耳传法，最终获得了空乐禅定——三昧耶之功德。“道丹巴”之名正是他证得殊胜证悟后所起，法号绛白嘉措。宗喀巴大师也多次向其弟子道丹巴请教，特别是大师向他问询佛经中的甚深要义和疑虑不解之问题时，道丹巴都会给予正确而圆满的解答。所以宗喀巴大师和道丹巴的关系应是互为师的关系，但道丹巴心甘情愿地做了大师的亲炙弟子。道丹巴曾在佛祖圣像前发愿，将大乘金刚佛法广布人间，让具缘的善男信女尝到佛法甘露。因此，由他开始将宗喀巴大师善规派的修行和密法传播开来，使大师的先显后密、显密兼通的修学之风如江河之水，奔流不息，树立起使佛教盛兴不衰之胜利法幢。道丹巴著了《宗喀巴大师传·嘉言集》和《宗喀巴大师传·摄正论》两部传记。这两部传记为诸多有关宗喀巴的传记中内容记载比较真实的著作，这缘于他与大师同乡，且后来又做了大师的弟子，一直与大师在一起。可惜这两部传记至今都难觅到。

宗喀巴大师是至尊文殊的化身，因此在大师的传记中，至尊文殊屡次出现。当大师对一些经教，尤其是密宗方面，有疑惑不解之处时，随时请教本尊文殊，文殊为其点化破解。大师驻锡涅区僧格宗时，一心祈祷至尊文殊，启问显密道之体性、次第数目决定等，尤其是启问止观修行诸法的要点时，本尊文殊给大师作了一个简明扼要的启示：“你现在不必时常问我，应该认真详尽地对三藏和四续部论释及诸开派大师所著的诸大论典用心精读，读深读透，不唯明字句，而且得精神，到时自会领悟到与我所讲诸教义是相吻合的。若一些不相吻合，则可以舍弃，凡与教授中的大论典相吻合的，则不可舍弃。应把正确的教授秘诀当作开启显密释论之钥匙来进行研究。其研究圆满之量，是根据教之理路而获得定解，内心能决断其义，心底会有一种未授而自悟的感觉。”另外，文殊又开示道：“从今以后，身、语、意所做任何善法事业，一切都必须为利益教法和众生而做。”所以大师在未作离世专修以前以及在专修的一段时间里，他首先是祈祷本尊，之后研究经论之义，并对所做的诸教义转换为成佛的修行教授以及修行教授之义等。同时，大师将四续部中之究竟续部，无上瑜伽续部中之父续、母续、无二续等一切续部中所有能成熟之灌顶，以及能解脱之道——生圆二次第之诸要义，尤其对最深而且极为卓越的“密集续部”的密义，六边四法成为法定的印度诸释论、教授、释续等皆细读精研。对圆满次第五次第中之光明、幻身、双运等最为细微的诸要义，大师皆钩沉探微，明晰其义后，方如理实修。如是，才能出现生圆二次第的无量殊胜通达，也才能自然地引导众生走上正法之道。总之，大师按本尊文殊的开示，对开派大师们的显密经论进行了扎实地学习研究，才一步步深入到密宗法的研究领域中，这就是大师以后的教义中所说的显密次第论。

宗喀巴大师40岁时从僧格宗又来到涅区上部的热宗寺，在这里修夏安居，并为寺僧讲说显密经论。这时贾察杰·达玛仁钦来到前藏，巡游各寺辩经场，参加论辩。贾察杰（1364～1432年），后藏娘多（堆）日囊佐切地方人，佛学知识渊博，尤擅长佛教哲学，是当时一位著名的辩经高手。他广游卫藏各寺立宗辩经，所向无敌。后来遇到了两位辩经强手，一位是萨迦派著名雄辩家绒敦·玛威僧格（意为“善辩狮子”），法号释迦坚赞，一位是雅德班钦传人，此二位合称“绒雅二师”。贾察杰与二位强劲对手巡回辩经，力战之后以胜利告终，并获得了“噶居巴”学位称号。之后，他心高气傲地来到前藏巡回辩经。当听到宗喀巴的盛名后，又想和他辩论斗智。一次，宗喀巴正在给僧众讲经，贾察杰走进法相院竟连僧帽也不脱，宗喀巴大师见此，离开讲经高位法座，坐到下面的法座上继续讲经。贾察杰仍然一副傲慢的姿态，戴着僧帽大摇大摆地登上大师的高位法座，坐下来静听宗喀巴的讲经，听着听着才发现这完全是过去在其他智者尊前从未听到过的高深经论，贾察杰遂感到羞愧不已，对宗喀巴大师也是肃然起敬，连忙脱下僧帽，从高位法座上下来，坐到听众中间继续聆听经法。后来他干脆放弃了与宗喀巴辩经的打算，诚心拜大师为师，大师也痛快地收下了这位貌似高傲但实具德相和根器的弟子。

贾察杰作了大师的首要弟子后，一直做大师的承事服务。另一种说法：贾察杰闻知大师盛名之后，想来试探这位赫赫有名的大师到底是个怎样的人物。当他见到大师后，向大师提问了许多疑难问题。大师也揣度此人定是一位证道者，故对他的提问没有作正面雄辩解答，而是从印度法称论师的理路讲起，他说出凡希求解脱者绝不可缺少的一切经论皆为修行的重要教授，及其教理等完整语教。由于贾察杰是位具法眼的利根智士，闻法之后立即领会于心，心想自己能获得这空前嘉言甘露的缘分，实应庆幸。同时他也认为这确实是完成了将一切智佛世尊的一切正法无私地一起宣说的伟大心愿，因此心中情不自禁地生起了敬信。他想：“奇哉，我已成为无上大德怙主所摄受的人。”于是百拜顶礼，以其头顶敬礼大师之足请求大师答应作他的至尊上师。从此以后，他便追随大师作近侍僧，祈大师慈悲摄受。他真心虔诚的声音与泪俱下，因此大师也心生欢喜，允准所请。自此，从上师聆习《菩提道次第论》教授及《生起次第》和《圆满次第》教导等显密经论的教言、秘诀的全部。后来上师讲《律藏三学》经论时他作笔录，整理成书，名《因明笔记》；听大师讲授密宗经论时也认真作笔录，名《圆满种子笔记》。后遵大师之命，和持律师扎巴坚赞任主持修建噶丹寺工程的总管。宗喀巴大师圆寂前，将自己的半月形僧氅、通人冠黄色僧帽传授于他，让他接替格鲁派法位，“贾察”为藏语，为“接替”之意，后来称他为贾察杰，意为接替法主或继任法王。上师圆寂后，他成了噶丹寺第二任赤钦（法台）。贾察杰一生所撰之著作，整理成八函文集，为格鲁派做出了一定贡献。后来格鲁派寺院僧众将宗喀巴大师、贾察杰、克珠杰称为师徒三尊。

大师在热宗寺传法收徒的同时，想在这里举行转法轮大会。他将自己的想法告诉了热宗寺堪布，堪布一听高兴地说：“我愿意做施主，承担法会期间的一切费用，另外还有一些人也献来许多供物。”由于法会所用的经费，即顺缘得到解决，便开始召集涅区广大僧众。前来参加转法轮大会的多是涅区的三藏法师，他们每天依次轮番讲经说法，此次转法轮大会成了展示各位佛学家所学显密经论的大舞台，显示了各自的佛学才智。在这段时间里，僧伽会众圆满地完成了承事供养。过去，涅区各部落及各阶层之间，向来不睦，这种不睦的现象也影响到寺院和僧众，因此聚在一起召开这样的转法轮大会是不可能的。这次由宗喀巴大师亲自出面召开，并在法会上宣讲“菩提发心”经论，使来此聚会的僧俗大众受益匪浅。多日

宗喀巴大师在涅区热宗寺举办转法轮大会

后，转法轮大会在一片祥和热烈的气氛中落下帷幕。以后这里照例每年举行一次转法轮大会，久而久之，部落之间、阶层之间的矛盾也彼此化解了。由此看出，大师在这里举行法轮会的良苦用心和慈悲之心。

大师42岁那年的春天，住修于沃喀，他对以十难论师贾察杰为首的200余名三藏法师讲了许多显密教法，同时，大师派9名聪慧的青年僧人到觉摩隆寺求学。这时，娘布地方的一些信徒信民敬请大师到娘布（ཉང་པོ）弘传佛法，于是师徒三人应请前往娘布的党朵寺，在党朵寺修夏安居，并对该寺的僧众大转法轮。据说途经党朵寺的一河口处刚要过河，大师的黄色僧帽掉落河中，大师即刻预言道："我所传的教法传承将会像这河流一般源源不断而兴盛不衰，帽子停在何处，其地将有讲说中观之规的法苑兴起。"正如大师之预言，后来在娘布桑生岗，果然建起了一座大乘法轮寺，寺中开创了大宏中观论讲说之规。对此还有一种说法，说大师从娘布到贡布的途中，向一女人问道："从此前往，下面是什么地方？叫何地名？"答道："有名叫'辛巴塘（意为屠夫滩）'和'察多塘（意为血色

师徒三人应娘布地方信徒敬请前去弘法

滩）’的地方。”大师想这两个地名都不吉祥，干脆叫“夏色塘”吧（意为“黄帽滩”）。现在夏色塘地方，仍留有宗喀巴大师的宝座和足印。

不久，本钦·南喀藏波请桑普寺的主持官却慈诚去迎请大师，大师亦欲朝礼大、小昭寺的释迦牟尼佛像，于是当年秋天从娘布启程前往吉雪，进入拉萨后，朝礼了大昭寺和小昭寺的释迦牟尼佛像和不动金刚佛。之后住修于布达拉宫，期间大师为桑普寺、聂塘极乐寺、贡塘寺及噶瓦东寺、觉摩隆寺、司普寺等拉萨六大寺的住持为首的数以千计的三藏法师大转法轮，讲授了《中观光明论》《毗奈耶》《道次第》等一些经论。刚转完法轮，有绒敦·释迦坚赞和俄尔钦·贡嘎桑波两位萨派大德前来布达拉宫拜见宗喀巴大师。绒敦·释迦坚赞（1367～1449年）是四川阿坝嘉绒地方人，他于70岁高龄时，在拉萨北面的彭域地创建了一座名叫吉祥那烂札的萨迦派寺院，寺名与古印度的那烂陀寺名相仿。当时西藏佛学界将他和雅楚·桑杰贝（1350～1414年）二人称“雅绒二师”，是为辩经高手，大师久闻其名，当他二人拜见大师时，与大师就般若立宗辩论，受到大师的称赞，还特意给绒敦·释迦坚赞赐赠深绿色缎一匹，作为纪念。绒敦大师和俄尔钦在宗喀巴大师尊前听受了一次缔结法缘的教授。

金龙年（1400年），大师44岁时，从布达拉宫去了噶瓦东寺（简称噶东寺），为众多有根器的具缘者详尽地讲授了《菩萨地戒品》《事师五十颂》《十四根本罪》等教法。大师传布这些教法的目的，是想将他们引上大乘教法的正规之道。此时，仁达哇上师也从前藏来到噶东寺，宗喀巴大师亲自隆重迎接，并作很好的承事供养。仁达哇与宗喀巴师徒二人见面后，上师向大师顶礼，宗喀巴赶紧上前握住上师之手，不好意思地说：“请上师不要如此，弟子实在承受不起师礼。”于是师徒二人联手为聚集在这里的450名善知识又大转法轮。其中，有一位桑普寺的大格西，名叫端巴桑丹玛·贡却僧格，他从传法大会中起立并大声说道：“现在后藏的佛学大师为仁达哇，前藏的善知识为宗喀巴，从此你们师徒二人成为前后藏的教主。为了清除前后藏希求教义的诸僧的怀疑和邪知错见，请求二位对三藏（经、律、论）和四宗（经部、有部、唯识、中观）以教理作破非立是，大转决断是非的法轮吧。”因这仅仅是他一人的主张，仁达哇师徒做了一番解释后，并没有按他的提议再转法轮。

是年冬天，仁达哇和宗喀巴师徒二人从布达拉宫来到热振寺，该寺是噶当派的主寺。在格鲁派未形成之前，宗喀巴大师也属于噶当派喇嘛，师徒二人就在热振寺过冬，这段时间内，仁达哇上师对热振寺僧众讲授《六十理论》《密集金刚二十五尊》等教法；宗喀巴大师为他们讲授了《大乘庄严经论》《辨中边论》《阿毗达摩集论》和《声闻地》等大乘论典，还将寺僧安排道中次第，让他们修习菩提道次第等经教。经修习，一些人的心中生起了与经论所说相符的寂止的殊胜感受。经仁达哇的要求，宗喀巴大师为上师讲解了《中观光明论释》和《中观根本智论颂》的导释。宗喀巴大师在上师尊前也聆听了《中观根本明句释》等正见教义。此时，法王译师和止贡梯法王二人遣使并致书，希望宗喀巴前去会面。金蛇年（1401年）春天，大师45岁时，第三次赴直贡梯寺，经法王要求，大师按照自己的见解讲授了一些教法。大师又在法王金厄仁波且近前聆听了《那若六法》和《大手印俱生和合法》等噶举派教法，在该寺专门留给他的修行洞中住修了一段时间后，大师辞别法王复去热振寺。这时大师集中精力写作《菩提道次第广论》一书，此间，仁达哇师徒二人前去南泽当汝的埃旺寺，这是阿尔钦波·绛曲益西的寺院。在这里，宗喀巴大师与译师嘉却贝桑波法王会面，由富有信施财物的长官云丹嘉措作承事供养。有三藏法师为首的僧俗大众约600多人，在这里集体安居坐夏。期间，三法王一致认为：应当将所有对于佛教的无知，以及邪见、怀疑和不加思考的思想必须做一次清净的整饬。

坐夏解制后，上师仁达哇动身复往后藏。宗喀巴大师和法王译师二人及侍从又返回热振寺。他们在热振寺下方名为扎僧格的地方修了一座小寺，大译师讲授了中观等教法，宗喀巴大师讲授了《道次第》等许多教法。大师还在热振寺一尊阿底峡的歪头身像前虔诚祈祷，并获得亲见从释

宗喀巴大师在热振寺虔诚祈祷阿底峡身像，亲见诸位上师影像。

迦佛世尊至洛扎·南喀坚赞之间所有噶当派传承诸师影像，特别是阿底峡、仲敦巴、博多哇、夏域哇等诸师，长达一个月之久。据说，阿底峡身像将手置于大师头上说：“你应当对教法做出广大事业，成就菩提，你做利益有情的事业，我愿作你的助伴。”说后影像消失不见了。这时，法王大译师堪钦·苏普哇、直贡法王等前后藏的不同宗派的许多智者和大德在大师座前，再三请求大师著述《菩提道次第广论》。其实，此时该书的一半已基本完成。这期间他写完了《胜观释论》一书。至水马年（1402年），大师的《菩提道次第广论》圆满告竣，之后，他又聚精会神地撰写另一部密宗经典。至火狗年（1406年），大师48岁时，《密宗道次第广论》一书又问世。火猪年（1407年），又著述了《中观根本智论广释》一书。是年春，大师51岁时，住修于色拉却顶寺，克珠杰·格勒巴桑布前来拜谒宗喀巴大师，与大师缔结法缘。

克珠杰·格勒巴桑布（1385～1438年），为后藏拉堆多雄曲沃人（今西藏自治区昂仁县多雄区切哇村）。他是家中长子，次子巴索·却吉坚赞（1402～1473年），也是宗喀巴大师的弟子，因克珠杰是克珠拉旺的转世，故以前世之名取克珠，年稍长，从师学习显密诸论，显宗方面主要依仁达哇上师修学。16岁时，克珠杰已是一位因明学方面的佼佼者。这时，他背着经包云游后藏各寺，巡回辩经。后到昂仁寺学习辩经时，蜚声雪域的大班智达、辩经高手珀东·雪勒南嘉（1375～1451年）也莅临该寺，一面讲经，一面立宗辩经。因该寺活佛、格西、僧官没有一个敢与珀东班钦辩论，经寺僧商量后将克珠杰推上了辩场。克珠杰也壮着胆，信心十足地与珀东大师较量，两人轮流立“五部大论”展开辩论，几天时间二人辩得难分难解，棋逢对手，越辩越精。珀东大师暗暗钦佩这位年轻对手，认为其某些方面比自己更胜一筹，故珀东班钦最后谦逊地表示认输，克珠杰亦声誉大振，得“无比旺秀——胜自在”称号。

那时，克珠杰在前藏作十难论的巡回辩论，同时他主要受仁达哇上师之托，为转交仁达哇写给宗喀巴大师的书信和贵重礼品才来找大师的。据说谒见宗喀巴大师的头天晚上做了一个奇梦，梦见自己进入了四面无光的黑暗中，用尽了气力却无法排除黑暗，这时东方升起智慧之剑的千幅轮，剑刃向外，剑柄朝内，每柄剑尖上又发射出一百个日轮，旋转的千幅轮发出万道光芒，中间五彩虹形成圆坛，上面坐着红黄文殊菩萨金身，身着镶满宝石制的法衣，一手托着经典，一手持智慧宝剑。不一会，金光万道的千幅轮将黑暗一扫而光，三界又呈现在光明之中，只见文殊从自己胸前进入到体内，此时，他自身产生了一种用语言无法形容的快乐感受。次日，他到色拉却顶寺谒见宗喀巴大师，献上书信和无量寿佛等礼品。克珠杰一见大师，如见佛容，对大师产生了极大的崇信。大师问他道：“你一路上是否做过奇梦？”克珠杰听后暗吃一惊，遂将在聂塘极乐寺所做奇梦原原本本地禀告了大师。大师笑道：“这是你与密法有机缘之兆，你将会有许多佛法弟子。”大师又问：“你修法依何本尊？”答道：“依红阎曼德和文殊二尊。”大师说：“红、黑能怖三种阎曼德伽，任何一种都可以作为本尊，由于本法中因果二者的阶段中都有至尊文殊真实圣容，这是有特殊要义的。”克珠杰向大师敬献精致曼扎后，大师为其传授“猛静合修密

克珠杰投师宗喀巴大师，从信奉萨迦派改信格鲁派。

法”教言，之后设供坛城，让克珠杰进入坛城，为其授“大威德密法”四种灌顶。从此时始，克珠杰不断地修持大威德金刚法，大师也正式给克珠杰传法，将显密诸教法全部传授于他。克珠杰从信奉萨迦派改信格鲁派，成为大师的亲传弟子和忠实信徒。

克珠杰一生共撰写了十六函著作，其中有《宗喀巴大师传信岸》和《宗喀巴大师密传》两部，整理刻板后为十八部文集。克珠杰的著作中关于时轮金刚方面的论述较多。贾察杰·达玛仁钦圆寂后，他登上了噶丹寺第三任赤钦的金座，继承格鲁派教法，格鲁派佛学界将其和贾察杰与大师宗喀巴称“师徒三尊”，后来被追认为第一世班禅额尔德尼。

贡汝·坚赞桑波（1383～1450年）是多康贡汝上部地方人，年轻时曾赶往前藏拜见宗喀巴大师，当时大师正在色拉却顶静房静修，贡汝·坚赞桑波一行要求为大师作承事服务。大师说：“现在我们师徒尚有一件难以言说之事，为了回避此事，我要离开这里，到别处静修几个月，这期间谁也不见。”弟子们也问道：“上师去何处？”大师郑重其事地说：“不能说，这几天你们听我的吩咐。”某天夜间，大师趁大家修习时带着两个近侍弟子悄悄登上了色拉却顶寺后面的热喀山躲在一个极隐蔽的山洞里静修。原来大师已预知，明王朝遣使来召他进京，他为避之，故未对众弟子直说要去哪里。后来大师说：“当时我若直说要去哪儿，我们师徒正在修行，就会心境不专而散乱，要是不直说就是师父对你们打了妄语。”所以贡汝·坚赞桑波是这以后才与大师相见的，并成为大师的上首弟子。贡汝·坚赞桑波从大师处聆习了显密经论，经反复研习后成为通达。之后又从大师、贾察杰、克珠杰等上师前受了比丘戒，并学习了一些甚深灌顶密法和秘诀。继后，在桑普贝赛康村担任讲经师，在讲授教理方面成为无与伦比的学者，故藏文中又称其为“村美却吉”（མཚུངས་མེད་ཆོས་རྗེ），意为“无比法王”。后出任了色拉寺第三任大法台，兼管宗摩查寺（བཙུན་མོ་ཚལ་དགོན་པ），在两寺中轮番讲经说法，直到寿终正寝。

十三、宗喀巴声名远播　大明皇遣使礼召

宗喀巴大师在热卡扎寺静修期间，《辩了不了义论嘉言心要》一书告就。当时大师的美名声誉已传遍雪域，连大明永乐皇帝都知晓其声名，对宗喀巴大师十分敬信，土鼠年（明永乐六年，1408年），派遣金册使者不远万里赴卫藏召请大师进京。在这之前，朝廷也曾遣使到拉萨郑重地迎请，大师皆婉言谢绝。这次前来迎请的金册使者非同寻常，其中四位皆是朝廷官员，他们率领一百余随从，携带大量礼品，邀请大师前往内地为明王朝的兴盛、广大民众的安宁广施法雨。因大师预先知道朝廷派使者再次前来召请，遂提前避居于宁静的热卡扎山寺静修。来迎请的金册使者，也总结了前次大师回避不见的经验，这次他们商定，用一个令大师防不胜防的办法。他们公开宣扬这次来是专门做供养的，他们一行通过彭城地方，天明时突然出现在色拉山顶寺。朝廷官兵的突如其来，令正在色拉却顶寺闭关修持的弟子不得不解制闭关，走出山寺迎接官兵一行。众弟子说上师几天前就出去了，谁也不知道他现在在哪里，来使不信，这时由达仓·勒沃巴出面作证说："请大人相信，我们出家人不打妄语。"官兵无奈，只好一面四处打听，一面请卫藏地方执行官员扎巴坚赞和本钦·南喀桑波出面寻访。没过几天，他们打听到大师在热卡扎山寺住修的真实消息后，一起前往求见，大师仍不肯出寺相见。经扎巴坚赞和南喀桑波二位耐心地说服，大师才出寺迎接。使者一行作跪拜礼，流着泪恳请大师前往，大师也接受了供养礼品和诏书，和官兵一行前往色拉却顶寺。这时噶丹寺和色拉

寺尚未建成，大师也没有固定的驻锡之地，只好暂以色拉却顶寺作居所招待朝廷使者一行。大师向金册使者说明了不能赴京觐见皇帝的原因，一是他此时身患微疾，不宜远行；二是再过一年要举行全藏区的神变祈愿大法会，要做大量的准备工作，这个大法会不仅利于雪域佛教和众生，也惠及朝廷和内地广大民众。来使听罢又请求道："大师实在不能亲往京城，能否派一位与大师功德不相上下的殊胜弟子前往京师弘传佛法？"大师当即答应了使者的这一要求。使者一行在拉萨休息了几天后，带着大师写给皇帝的书信回京交差去了。

这里所说大师给明皇的复信，是从地方政府的书册中照原本抄录的。内容如下："愿成安乐吉祥，依伟大福德之力，如法抚治海内大地之上大皇帝陛下，住于西方雪域中部之释迦比丘罗桑扎巴敬启：大法王（陛下）之福德，犹如须弥（此世界最高山）之高巍！诸臣民之安乐，有如天堂之美满！政令威严，为诸王所顶戴。正与此时，为了增长三宝之威力，对我遣使赐诏，并赐有花卉云纹的红缎一匹、绿缎一匹、无花卉的红蓝绿缎共三匹、彩绫七匹、上缎法衣一件、泥制佛像一尊、上衣一件、上坎肩一件、水晶念珠一串、金刚杵及铃两副、瓷碗一对、佛像罩衣两件、手巾三副、曼荼罗装饰围裙三幅、腰带一条、碰铃两副、鞋袜等物、茶五十斤、檀香木一节等，我已收到，衷心感激。大皇帝之旨意盼余前往内地一遭，颁谕之缘由，已由诸金册使和王（指扎巴坚赞）努力传到，余皆领会于心。余非不晓陛下为爱护佛教之旨意，余非不敬不尊陛下之敕谕，但余每与人群相遇，便发生重病，因此不能从命。唯祈陛下如虚空宽大之胸怀，不致不悦，实为幸甚，陛下如往昔诸大法王雄心负荷（利益）此世之法规和（利济）后之教规，大宏于一切方隅，使大多数僧中胜者，以清净之念，常为大皇帝祈祷圣寿无疆，皇图永固，伏希圣鉴，至于如何治国之事业，为陛下所知，非余等所能详言。恭敬上呈，并奉上礼品：从于阗请来观音菩萨像一尊、释迦牟尼金像一尊、文殊室利如来金像一尊、如来舍利三颗（串在一起的）一件、如来舍利一颗，印度大成就者、振兴印藏之两地佛教事业、具有大恩之阿底峡尊者，从这位尊者灵骨中生出舍利一颗等。于鼠年（明永乐六年，1408年

宗喀巴大师在色拉却顶寺招待朝廷金册使者一行，并婉言谢绝大明皇帝的邀请。

6月19日），自西藏中部上书。”

明皇使者赴藏召请大师时所带来的金册诏书，用的是内地黄纸，宽三卡半（约2市尺），长一尺（约5市尺），纸上绘有金色五爪龙纹。上面写有诏文，下面署有长生天护佑永乐年号，皆用重叠形式而书。其中一诏书的手抄本后面记载说诏书的原本存于西藏香区的多却巴手中，后来诏书原本藏于噶丹寺森康钦莫，即噶丹寺寝宫。以下诏书内容正是依照西藏地方政府所存书册，无误照抄下来的。诏书文意曰：“大明皇帝赐书于喇嘛罗桑扎巴之前，诏曰：鉴于你正道功德极为高深、清净宏大。依于慈悲之心，对于一切众生作利益而安置他们于大乘之道中。以此之义，并思念你的清净功德已非一日，为时久矣。现在派遣太监侯显为首，从政教双方来迎请你。望你思及弘扬佛教，来到中原，完成朕的心愿，此诏。所赐供养礼品为：铃杵一对、鎏金禅杖一柄、碰铃全套、象牙珠一串、檀香一节、细竹丝帽一顶、十彩法衣全套、大红无花半月形大氅一件、肉色衣兜一个、红色无花卉绫一匹、蓝色大宝花卉缎一节、熊丝彩缎三节、大红如意花缎一节、松绿色四季花卉缎一段、上缎七匹、大罗汉蓝色绫一匹、大罗汉邢台熊绫绸一匹、无花卉油绿绫绸一匹、纱灯红绫绸一匹、茶五十斤、无花纹白瓷茶壶两个、白瓷碗七个、黑鞭一双、素蓝绸作面的白羊毛袜一双、彩绫七匹等。于明永乐十一年（1413年）二月十一日。”这里诏书时间有误，应是永乐六年（1408年）。据说1413年也下有诏书，但不是此诏。宗喀巴大师此后准备派释迦益西（汉史中写作释迦也失）前往内地朝觐永乐皇帝，因释迦益西（1354～1435年）是他的贴身“森本”，即大师的司膳师，他视大师如佛，与大师形影不离。大师到哪里去转法轮，他亦随大师而行，大师为三藏法师讲经传法，他近水楼台先得月，大师闭关修持时，他除做服侍工作外，也遵大师之命潜心修持，所以他的佛学造诣和修持成就也是很高深的。由于也要忙于举办祈愿大法会和修建噶丹寺事务，释迦益西也未能脱身去京朝觐。

十四、神变会举世闻名　感佛灵慈云广被

释迦佛陀在世时，曾于王舍城圣地示现大神变降伏外道六师，使佛教正法之幢竖于印度各地。在这场史无前例的神变大法会期间，诸佛弟子及法王在如来身像、佛经、佛塔前作无量上妙供品，并对僧伽大众作广大承事供养，共同发宏愿开启无量众生之福门。在印度，这个大法会从未间断。

当佛教传入雪域西藏后也定期举行法会，从古至今未曾间断。但到了帕摩竹执掌政权时期，没有过去那样隆重，甚至断断续续。当时其他一些教派对此也不甚重视，宗喀巴大师针对此景，为了雪域各地芸芸众生，用发心和善法相结合，建立起解脱和应化成佛的根基，利乐众生，让人间呈现出光明、善行、纯净无垢的现象。他决心会集各派信徒信民，为振兴佛教，宏发誓言，举行一次盛大的纪念释迦牟尼佛的祈愿大法会。要举办如此盛大的法会，如果没有一定的物质作基础，也只是梦想而已，所以他决定邀请当时西藏的执政王扎巴坚赞来商议此事。

扎巴坚赞（1373～1432年），帕摩竹政权万户长释迦仁钦的长子，于藏历木鼠年（1384年）就任第五任执政王。他年幼的时候，亲眼见到宗派之间的纷争、甥舅争执和艾涅战乱，这在他心灵上打上了深深的烙印。他执政后，首先安定了本部，并将西藏大部分万户、千户收归部下。因此，

大明皇帝封他“国师阐化王”名号，赐了金印、诏书、符牌等。他心胸宽阔、度量宏大，先后执政47年，为诸执政王中执政时间最长的一位。

当宗喀巴大师将想法和愿望告诉他时，他当即表示赞同，并表示全力以赴支持。于是，大师和执政王研究部署了大会的一切事务，二人还作了分工。扎巴坚赞和长官南喀桑波实际上成为这次大法会的最大施主，由他二位负责收集钱粮，组织工匠首先为大昭寺整容。因大昭寺年久失修，围墙残缺，殿宇陈旧，佛像被灰尘污染，壁画褪色等。南喀桑波从1407年开始，全力以赴地修整大昭寺，到次年秋天，大昭寺所有坍塌破损之处，都修葺一新。宗喀巴大师负责法会的一切佛事活动，诸如为佛像整容，准备供器、供灯、佛衣、金银、颜料、彩幡、法幢等。从土鼠年（1408年）秋季开始，组织建筑工匠对殿内殿外擦洗粉刷，补修墙垣，彩绘殿堂，将陈旧褪色壁画重描，用藏红花水为佛像净身，清洁供台，为一些佛像以金箔饰其身容。还组织裁缝师为佛像制作佛衣、佛冠、帔肩、悬幡、法幢、柱面幡等，从大昭寺到布达拉宫之间，大小树上挂满各色经幡、悬幡，制作供灯台等。是年底，大师从楚布寺来到大昭寺，认真检查了法会的布置情况，与此同时，对小昭寺也做了一番整容工作。腊月三十日那天，大师对已到会的8 000多僧伽每人发放了4斤酥油、6两茶叶及糌粑等布施，以此作为大法会的开始。次日，即土牛年（1409年）正月初一，这时，大师已步入53岁高龄，虽身心倾注于法会，但他毫无倦意，依旧容光焕发，神采奕奕。

祈愿大法会从正月初一到正月十五日共持续了15天。大师在法会前请金银工匠用三十六两八钱纯金为大昭寺释迦牟尼佛像制作了五佛冠，冠上浮雕有五佛的身像，连冠沿的飘带都是用黄金镂刻而成，又用珍珠、上品璁玉（绿松石）等珍宝嵌饰。给佛身敬献上等绸缎做成的佛衣，身容以金汁镀饰，将释迦牟尼化身像改为法身像。小昭寺不动金刚和十一面观音菩萨像上，敬献了用一百三十三两白银制作的银质佛冠，银冠亦有精美的浮雕，优质缎料做的三法衣，以及银钵、禅杖等。在释迦牟尼佛像前，供献纯银制造的银钵，钵口上安置合适的银曼扎等。在以两尊释迦牟尼为主的诸佛菩萨像上，又供献了妙衣。

正月初一清晨，由执政王扎巴坚赞和长官南喀桑波叔侄二位主持法会，宣布法会正式开始。由宗喀大师带领僧众在佛乐的伴奏下，用美妙而柔和的法音唪诵法会仪式开幕赞词，之后齐声唪诵释迦牟尼佛赞。赞颂毕，宗喀巴大师以洪亮而清晰的声音讲说了举办这次祈愿大法会的目的和重大意义。

神变节期间，周围一些大小寺院的墙角、屋顶、女墙等悬挂飞幡，寺与寺相距较近的都以彩色经幡连接起来，纵横交错，整个拉萨呈现出一派盛大节日的气氛。殿堂内外以及人行道上万盏酥油佛灯一齐点燃后，灿灿金光映红了拉萨上空，数万盏酥油灯象征着佛光普照。在大昭寺外绕道及唐蕃会盟碑前安放了一只方形大缸，缸内注满酥油，中间竖有一根胳膊粗的灯柱，点燃后如一柄巨大的火炬，昼夜燃烧不熄。小昭寺、鲁布、布达拉、采贡塘寺等地方，亦点燃几百盏乃至上千盏供灯，从初一至十五日，整个拉萨成为佛灯的世界、香火的海洋。夜间灯光映红天空，满天星斗也仿佛被灯光照耀得含羞隐去。

几百碗供养的净水，数以万计的供施食子（朵玛），隔日即换新的。净水碗中注以藏红花香水，与以黄吠琉璃制造的盛水器整齐排列于供台之上，在酥油灯光的辉映下，犹如一盏盏盛满甘露的神馐。次日换下来的食子发放给贫穷者和乞丐，他们将食子视为佛神给予的恩赐。另外，佛神前还供有七珍宝、八吉祥徽、八吉祥物等各种珍稀供品。其他供品也都一应俱全，唯独无鲜花可供，因冬春的青藏高原依旧草枯花谢，无花卉可采献佛。大师正为此而犯愁时，他做了一个奇梦，梦见荆棘变成明灯，野草化为鲜花，无数奇珍异宝五光十色、灿烂夺目。醒后他立即组织艺僧用酥油塑造各种花卉献于佛前。正月十五制作酥油花献佛的风尚从此时开始，流传至今。所有供品，都经过大师法语真言、手印、三摩地作大乐体性的加

土牛年（1409 年），宗喀巴大师在拉萨发起祈愿大法会。

持。三藏法师集聚的僧会中，以正净仪轨作供养，使十方诸佛菩萨无限喜悦。各宗派大德为利益教法和众生，每日作极大发愿，愿大宝佛教长久兴盛，愿世间众生得安定幸福，康乐永存。在《宗喀巴密传祈祷文》中记载："拉萨神变大节日，供设吉祥百庄严，大乐加持诸供品，诸佛菩萨喜开颜。"

法会期间，每天做盛大供养，据说这一段时间十方诸佛及三十五佛、药师七佛、弥勒、无量寿佛、度母、白伞盖佛母、妙音佛母、八十大成就等诸佛、菩萨、度母驾着祥云，在拉萨上空会集。他们接受法会上的各种供养，并为法会作加持。前来参加法会的不同宗派的善知识和僧伽有万余人，还有不入寺但在拉萨绕道诵经的僧人千余人，法会每天为他们供养两次斋僧粥，并不断发放衬钱、衬粮，他们沉浸在隆重的法会气氛中。为法会所做承事的工匠们，由长官南喀桑波叔侄尽情款待。聚会在拉萨圣地的几万信民，要么在寺前寺后磕长头，要么手持嘛呢经轮绕寺转“郭拉”。十五天的节日里从未出现过唱歌、跳舞、饮酒等不良现象。法会净化了人们的心灵，菩提道的花朵开放在僧俗大众的心中，善法弥漫了整个拉萨圣地。

来自各地的僧众、头人、信徒信民不断奉献了数以千计的供养，除法会前供献的金、银、绸缎及大量酥油、糌粑、青稞以外，法会期间陆续前来作供养的也不少。施供者多为地方行政长官、地方头人、大寺院住持及部分商人，而广大藏族贫民只有用对佛最虔诚之心来作供养。这次祈愿大法会在西藏佛教史上可以说是首例，在西藏各地方势力及各宗派中产生了极其深远的影响。大法会的圆满完成，实现了宗喀巴大师渴望已久的心愿。当格鲁派建寺创宗以后，这个法会在格鲁派大小寺院中每年如期举行，后来成了西藏的一大宗教节日。到第二世达赖喇嘛格敦嘉措时，格鲁派势力逐渐壮大，这时西藏帕摩竹政权的执政者、第十一代法王扎西扎巴（1480～1564年）看到自己的政权势力日衰，考虑到日益强大的格鲁派将会对其形成一定的威胁，所以下令停止举办祈愿大法会。大法会从1488年停办，直到1517年，执政王将噶丹颇章献给哲蚌寺的大法台格敦嘉措后，中断了29年的大法会才又得以恢复。

1409年祈愿大法会后，察柯·阿旺扎巴为了实现自己弘法建寺的宏愿，辞别宗喀巴上师前往嘉绒地区。临行前，大师赠予他一串旃檀木做的念珠，他立刻领会了大师的深刻用意。于是当着大师之面立下宏愿，要在故乡一带修建108座佛寺，相当于一串念珠之数，阐扬格鲁派教法。当察柯·阿旺扎巴回到嘉绒（今四川省阿坝藏族羌族自治州）地方后，首先创建了第一座寺院——安斗寺。当时嘉绒地区苯教势力较大，要在这里弘扬格鲁派教法、创建弘法道场并非易事。但他以顽强的毅力，一面与苯教明争暗斗，一面争取地方势力和僧俗民众的支持，在嘉绒先后建成了曲尔登甲寺、冬日寺、南加寺、刷经寺、康猫寺等，在黑水县创建了罗诺寺。他先后到若尔盖、红原、松潘、小金、马尔康等地讲经弘法，并广建佛寺。如理县的宝殿寺、下孟寺，小金的结斯寺，若尔盖的哲蚌寺、卓藏寺，红原的康猫寺、江宫寺等，后来又建了松潘的毛尔盖寺。阿旺扎巴在马尔康传教时，得到当地卓克基第三代土司南噶平的支持，在卓克基土司官寨以南的纳足沟创建了查果寺，后来在土司辖区内又创建了大仓竹林寺，简称大仓寺，因方言和汉文同音字之故，也写作“大藏寺”“大昌寺”等。据说阿旺扎巴因为圆满地完成了修建108座佛寺的宏愿才取了这个寺名，意为“足数、完满、圆满”之意。是否真正修建了108座佛寺，在《阿坝佛教史》中未见记载，但据民主宗教改革时统计就有96座格鲁派佛寺。察柯·阿旺扎巴是第一个将格鲁派教法弘传到阿坝地区的大师。

十五、三法苑圣地扎根　善规派高竖法幢

格鲁派祖庭——噶丹寺

当宗喀巴大师的美誉盛名在雪域普遍传扬之时，循其名前来闻法投师者不少，所收弟子日众，因当时尚未有一座固定的寺院可进行安住习经修法，所收弟子亦无住所，对此，大师忧心忡忡。当时有人劝大师修建一座清净法苑，一些寺院、大师、施主等也再三请求，愿献寺址作建寺施主。同时，大师所依止的秘密主至尊金刚手菩萨对修寺地址也做了悬记。祈愿大法会之后，大师在大昭寺释迦牟尼佛像前设供作祈祷，祈求从灯火和梦中指示征兆，所得征兆"一切之中仍以卓日旺古山为理想之地"。大师遂带二位上首弟子前往卓日旺古山，经过一番观测，发现旺古山脉像一头卧着的大象。大象为佛教推崇的国政七宝之首，"国有七宝而兴旺"，是吉祥的象征。卓日旺古山，即今之拉萨市以东达孜县境内的卓日山，原为天然牧场，故称卓日，旺古是该山的山顶。远远望去，该山犹如仁慈的度母，在这里建寺，恰如度母将寺院紧紧揽在怀中。寺址就选在旺古山的低坳处。于是师徒三人选定建寺基地，又对基地做了很好的加持。寺址选定后，大师派首要大弟子贾察杰·达玛仁钦和持律师扎巴坚赞二人为建寺负责人，带领大众弟子来此，开始平整基地，奠基后建寺。拉萨地方长官仁钦贝等任此次建寺事宜的施主，并由仁钦贝和仁钦伦布任施工总管。殿宇完全按藏族尺度经的规格来修建，当年即完成了赤陀康、拉吉大殿（大经

寺址选定后，在各施主及众弟子的努力下，共同修建噶丹寺。

堂）和70余间僧舍的修建任务。寺院竣工后取名“噶丹南杰林”，意为“足喜尊胜洲”，简称噶丹寺，汉文史料中常作“甘丹寺”。“噶丹”，意为“兜率天”，即佛教中的欲界第四天，释迦牟尼为菩萨时的最后住处，弥勒菩萨的净土。噶丹寺是格鲁派在前藏的祖庭，为格鲁派著名大寺之首，驰名中外。

金虎年（1410年）二月初五日，宗喀巴大师被迎请至噶丹寺，跟随大师的500余名僧人亦云集于此，由大师主持举行了盛大隆重的开光仪式。祈愿大法会的举办和噶丹南杰林的创建，标志着格鲁派在雪域的正式创立，善规派的法幢高高竖立于拉萨圣地。开光后，宗喀巴大师便登上了噶丹寺的法统金座，正式成为格鲁派的教主、第一任噶丹赤巴，并为僧众讲传密宗经论。

噶丹寺依山就势，层叠而建，红墙黄瓦，金顶熠熠。主要建筑有拉吉大殿、赤陀康、昂久康、夏孜扎仓、绛孜扎仓以及康村、密村、阳巴金殿等。拉吉大殿又名“措钦大殿”，是全寺最大的经堂，于1409年最初建

宗喀巴大师在噶丹寺传法布道

成，位于建筑群的北半部，坐北向南。1720年，由郡王颇罗鼐在藏式建筑基础之上扩建成歇山式金顶。1749年，吉美多杰又进行了扩建，成为东西面宽43.8米、南北进深44.7米、高达三层的经堂。底层分门庭、经堂、佛殿三个部分，面积2 000余平方米。经堂居中，规模较大，有108根大柱撑顶，可同时容纳3 000余僧众在此诵经，举行日常佛事活动。拉吉大殿内又分三殿，主要供奉弥勒佛像和宗喀巴大师像，体型大且造型精美。大殿后壁的左侧有一小殿，殿门上额刻有一组悬塑（影塑）兜率天，塑造艺术极佳；殿中间有宗喀巴坐过的噶丹赛赤（噶丹金座），后屏锦缎上悬华盖。赤陀康、昂久康为噶丹寺的两座拉章（行宫）。赤陀康系宗喀巴大师的寝室，是他生前生活、学经、修禅的地方，也是他圆寂之处。寝宫内靠墙处砌有坐床一台，据传当时大师就是坐在此床上示现圆寂的。坐床背壁上绘有释迦牟尼佛像，为明代作品。佛龛内供有尊胜佛母、白伞盖佛母、文殊菩萨金身。善逝殿，也是一座灵塔殿，内有八座银质灵塔，即洛桑端月、洛哲嘉措、次臣达吉、金巴嘉措、洛桑群佩、端珠嘉措等大法台的灵塔。响铜殿，该殿供有乃东王阿旺·扎巴坚赞献给宗喀巴大师的释迦牟尼降魔铜像一尊、大威德金刚坛城一座，另外还供有宗喀巴修持本尊的铜像和金像100多尊。

夏孜扎仓和绛孜扎仓，是该寺的两座学府机构，两大扎仓建在西坡上方，规模较大。扎仓下设康村，是寺院的基层学经习法单位，也是喇嘛、僧人生活起居的地方。过去，噶丹寺法定僧人为3 300人，实际人数曾高达5 000余众，僧人们按地区分别组织在各康村和密村中。寺内有23个康村和20个密村，康村建筑一般由小经堂、僧舍、厨房、仓库组成。寺内还设有9个辩经场，以适应春、夏、秋、冬四季法会和平时辩经的需要。

阳巴金殿的缘起和形成

噶丹寺初建后，只有一座供僧伽集体诵经的大经堂，而在大经堂中修供密法、设立金刚坛城，是不利于诵经和修习密法的。因此宗喀巴大师意欲建一座专门修密法、设金刚坛城的殿宇。木羊年（1415年）夏季，大师59岁时，奠定了修建密宗殿的基础，消息一经传出，便有一些具缘弟子提供了顺缘经费。火猴年（1416年），殿堂圆满竣工。坛城殿设有佛殿、后殿、回廊等，大师将该殿取名为“阳巴金殿”。为了与拉萨地区的羊八井寺相区别，汉音译为“阳巴金殿”。当塑造佛像时，发现所用红铜原料不足，于是从涅地送来了双耳和多耳的大小红铜罐共108件，甚至一些家有红铜的信施者也贡献出自己的红铜原料。火鸡年（1417年）三月始，召集了一些精通工巧明（工艺学）的工艺师开始制造殊胜佛像。在该大殿的后殿内制作了一尊比大昭寺释迦牟尼像还要高一尺有余的释迦牟尼红铜像，并以金汁镀之，成为红铜镏金像，因金身上发出旃檀花香味，故此金像又称戒香佛像。上后殿中塑造了以三十二尊密集金刚为主的密集金刚立体坛城，以六十二尊胜乐尊为主的胜乐金刚立体坛城，以金刚手、大威德为主尊的金刚界立体坛城，这三座坛城（曼荼罗）上皆镶嵌多种宝石。无量宫殿中的侍眷诸尊像亦为红铜镏金，诸主尊及各方如来身像和瑜伽母诸尊身像，全身为纯银制造，主尊和佛母诸身像各用两颗汉地银宝造成；金刚界的主尊像用两颗银宝造成；十二侍眷身像各用一颗半银宝造成。所塑造佛身像上，都以上品绿松石为主的价值连城的珍宝做嵌饰。另有至尊文殊、无量寿佛、至尊弥勒、怖畏金刚等铜制镏金像，每尊高约一箭杆。还有每尊高约一寸的尊胜佛母、白伞盖佛母等的铜制镏金像，所造佛身像的尺度并非是按《尺度经》的要求而做，而是均按舍利子和梵天埃扎天子所用量度而做。另外，塑造过程中须用加持工具，依律加持原料而进行加工，如此塑造出来的诸尊佛像，光洁无印痕，美妙无比。塑像工艺师们说："过去我们铸造过许多佛像，都没有出现过像这次塑造佛像时出现的许多奇异现象。例如：虽用红铜制作，但是从模型中铸出后显不出铜色，而是五色光彩笼罩着的身像。蓝色诸尊，其身色都是上品靛青那样的光彩；红色诸尊，其鲜艳身色皆胜过银朱七倍的；赭色诸尊，其身色成为纯金般的色彩。犹如虚空彩虹交织着诸尊身像，光辉闪耀。"宗喀巴大师高兴地说："这些佛神像，皆无须琢磨，自然光滑洁净。供以装饰品和殊胜佛衣，并作祈祷。"

在道丹·绛白嘉措所著的《宗喀巴大师传·嘉言集》一书中说："用绸缎捣泥塑造能怖金刚十七卡（每卡按拇指和食指之间的长度计算）高身像时，本像面容（该像一周还有八个面容）是自然现出的；建造三座立体坛城时，金刚界、不动金刚和胜乐三尊也是自然现出的。胜乐尊像的胸间有一丝热气。有色四佛母和奉安在寝宫内的约一寸高的胜乐绸泥塑像等也是自然出现的。"阳巴金殿和殿内诸佛神像、三大坛城等全部圆满完工后，依清净作法的加行、正行、完结行三事，做广大圆满的开光仪式时，殿顶上空出现了胜乐、大威德、密集三尊神像，天空清明，空中发出如雷声般的响声，响彻整个寺院，集会在这里的僧俗大众惊奇地观望着晴空，又望着神像，感慨万千。

阳巴金大殿，位于拉吉大殿之西，是一座由72根大柱组成、高达四层的殿堂，正立面向南，但入口在东。金狗年（1610年），由四世班禅大师加盖了金顶。该殿上下左右分别设有护法神殿、坛城殿、上师殿、司东康

宗喀巴大师为阳巴金大殿做广大圆满的开光仪式

和历任赤钦灵塔殿。殿中还保存着清乾隆皇帝于公元1715年御赐的一套自己曾穿过的嵌有金银珠宝，镂有满、汉、蒙、藏四种文字的盔甲。在阳巴金大殿和拉吉大殿外面的天井前有回廊三面，廊壁上绘有风格纯朴、简练的大型壁画。

司东康，在阳巴金殿的上层，为宗喀巴大师灵塔殿。这是贾察杰和克珠杰两大弟子用18升白银建造的，塔身遍饰各种珠宝。格敦平措担任该寺第五十任赤钦（大法台）时，罗卜藏丹津将青海地区一年的税收折合成黄金，用纯金在塔外包裹了一层外壳。十三世达赖喇嘛于1928年再次修饰了尊胜金塔，塔身金碧辉煌，十分精美。现在所见到的灵塔是1981年噶丹寺重建时制作的，没有原塔那样珍贵。殿内珍藏有明皇御赐给释迦益西的四大金刚缂丝绣像、十六罗汉缂丝绣像等。释迦益西返藏后，将此些物件献给宗喀巴上师，噶丹寺建成后，大师又将这些御赐珍品保存在阳巴金殿。每年藏历正月都会将这几幅珍品在几个殿中巡回展出三周，称“噶丹绣唐节”，以示格鲁派与明王朝的关系，以后逐渐发展成为一个宗教节日。

赤钦灵塔殿，紧靠宗喀巴灵塔殿，殿内存放有宗喀巴大师的亲传弟子曾担任过噶丹寺赤钦的高僧大德之灵塔，有贾察杰、克珠杰、夏鲁觉琼·勒巴坚赞、巴索·却吉坚赞、洛哲曲郡等。灵塔多用白银制造，上嵌宝石，内置遗体或灵骨舍利等。塔形有尊胜塔和菩提塔两种。

在阳巴金殿外，有两座镇魔塔，据说是宗喀巴师徒为了弘扬佛法、利益众生、降服侵害佛教和众生的邪魔而特地修造的。在外佛道上还有一眼宗喀巴施展法力用手指岩石时流出来的清泉甘露，在上面山口处有本尊护法、六字真言等自显像和文字，以及宗喀巴和一些高僧的手印、法王面具、掘白法螺的遗址、宗喀巴手指岩石而出现的自身像和观音菩萨像等。

拉萨三大寺之一的哲蚌寺

哲蚌寺意为“米聚寺”或“米集寺”，全称“吉祥米聚十万尊胜洲”，简称“哲蚌寺”，是格鲁派在拉萨三大寺中最大的一座，属格鲁派六大丛林之一。

木马年（1414年），宗喀巴大师在扎西多喀寺住修，据传有一位幻化塑工，在一日中运用神通造出七尊宗喀巴大师身像，大师也运用神通，于一日间七次剃下头发（剃后因再生便再剃），每尊佛像中，均以一次剃下的头发装藏，以此表明这七尊大师身像是极有加持力的。又传说，大师对跟随的弟子绛央曲结·扎西贝丹吩咐道：建一座弘法道场便赠予他一个象征吉祥的右旋法螺。绛央曲结亦向大师表示了修寺的决心。那天晚上，绛央曲结在梦中梦见一大河之滨，有无数众生找不到渡河的办法而在河边徘徊之时，他顿生慈悲之心，纵身一跳，双手刚好碰到对岸，于是他的身躯犹如一座弧形的桥梁，众生踏着他的身躯到达对岸。

翌日，扎西贝丹醒来，知道这个梦兆是表示他将建寺弘法，利益无量众生的瑞象。因此他立即筹划，四处劝募，在密宗师喜饶僧格的协作下，将寺址选择在了拉萨西郊的格培乌孜北山坡上，由乃邬宗头人南喀桑波作施主，开始动工建寺。开工时，宗喀巴大师亲临现场，对寺址作了很好地加持。火猴年（1416年），哲蚌寺建成，当时规模较小，后几经扩建，形成一座规模宏大的寺院。

远远望去，哲蚌寺三面环山，周围的山坡上由灌木林和柳树覆盖，

格鲁派六大丛林之一的哲蚌寺

夏季郁郁葱葱冬季银装素裹。寺西侧有一股较大的清溪从山上急流而下，溪流左旁山腰间有几块巨石，石上雕刻有宗喀巴师徒三尊像和六字真言，用矿物质颜料着色，十分醒目。寺院建筑依山就势而建，殿宇相连，群楼耸立，巷道曲幽，规模宏大，雄伟壮观。从山顶俯瞰，座座殿宇酷似一堆堆白米，又如一座座景色优美的山谷城堡。哲蚌寺的建筑艺术和西藏其他寺院相比与众不同，尤其殿宇外墙的砌筑风格独树一帜，凡佛殿、经堂、圣殿及扎仓、康村、僧舍的墙体几乎全用加工的方石、片石和未经加工的块石砌筑而成。主要殿宇全部用40～60厘米长的条石砌筑，石与石之间用一种黏性极强的白土与米粥调和而成的泥巴黏合，并用这种粘泥填空、勾缝，然后再用白灰粉刷墙面。哲蚌寺的寺名就从这种特殊建筑材料及修筑方式而来，藏语“哲蚌”的“哲”在汉语中是大米的意思，“蚌”是堆砌的意思，合为“用大米堆砌起来的寺院”，故有米聚寺之称。哲蚌寺的建筑已经历了五百年的沧桑，不论风剥雨蚀，还是一般的地震撼摇，都岿然不动地矗立在格培乌孜山坡上。

哲蚌寺的主要建筑有：措钦大殿（大经堂）、噶丹颇章、护法神殿、卓玛神殿、四大扎仓和康村。措钦大殿是全寺僧人聚会、诵经的大经堂，位于寺院中心。大殿由183根方形大柱支撑，建筑面积1 850多平方米。殿高四层，每层又分隔出不同名称、不同功能的殿堂。凡属全寺性的诵经、讲经、佛事活动都在大殿一层进行，据说可同时容纳7 700名僧人诵经。殿内主供文殊菩萨、白伞盖佛母、释迦牟尼佛、宗喀巴大师等金身。后殿正中为强巴佛殿，内供一尊两层楼高的弥勒佛金身。后殿左面是德松拉康（三世佛殿堂），主供过去、现在、未来三世佛佛像，周围供有金刚大力士、马头明王等塑像。其中三座镏金宝塔十分精致，塔内供有三世佛（燃灯佛、释迦牟尼佛和弥勒佛）金身。右面的配殿是藏经阁，收藏有各种佛经及其他著作。大殿西侧是龙本康，为一座塔殿。从南开始，第一、二座是龙本神塔，也就是十万龙神塔，哲蚌寺每年举行的龙本节日，就是为十万龙神超荐升天的祈祷活动。另有三座银塔，中间一座是二世达赖格敦嘉措的灵塔，左右两塔分别为哲蚌寺祖师塔。大殿第二层南厅，原为全寺行政总管拉基堪布办公及议事之地，有时也是召集全寺各扎仓堪布等主要僧官商讨寺院事务之所。过去，拉基堪布在地方政府中相当于四品官级，凡地方政府的重要会议他们都参加。民主宗教改革后，拉基堪布制度被废除，现改为寺院民主管理委员会。值得一提的是二楼东面的甘珠尔殿，殿内供奉着大量珍贵藏文经典，其中有明朝末年云南穆天王（木土司）为了祈愿其辖境的太平，特选善于书法之人用金汁抄写的一部《甘珠尔》大藏经，共114部，送到西藏后一直供奉于该殿。另一部是清康熙时的《甘珠尔》木刻本。还有一部用金汁书写在特制的黑蓝厚纸上的《甘珠尔》，是1675年第巴·洛桑图多按五世达赖的佛旨，组织人力物力制作专用纸张书写后献给达赖喇嘛的寿礼。殿内还珍藏有一些贝叶经等文物。第三层是噶桑佛殿（弥勒佛殿）、上师殿等殿堂。噶桑佛殿内供有弥勒佛8岁身量的镏金巨像及千尊释迦牟尼小铜像。其中还有一个宗喀巴大师从噶丹寺山口处掘出后赠给绛央曲结的右旋白法螺，因是佛世尊让阿难藏于此山中的伏藏，故被视为该寺的镇寺之宝。第四层正中的主殿为觉卧拉康（释迦佛殿），内主供一尊用五百两白银制造的释迦牟尼佛金身，两旁供有13座银质灵塔。侧殿为十六尊者殿，内供十六尊者（罗汉）围绕释迦牟尼的一组佛像，其中释迦牟尼佛像是用旃檀木雕刻而成，十六尊者身像是用白檀香木雕刻的，极为珍贵。弥勒佛新宫内供有一尊用药泥塑的12岁身量的弥勒佛金身。其他殿堂内还供有观音菩萨、文殊菩萨、无量光佛、无量寿佛、二十一尊度母、大威德金刚等塑像。另一座灵塔殿中有两座灵塔，一座是用七千四百两白银制造的三世达赖喇嘛索南嘉措的灵塔，内装有该师的心、舌、眼、头骨及释迦佛的舍利子（三世达赖喇嘛的主要灵骨塔供奉在塔尔寺达赖遍知殿中）；另一座塔是四世达赖喇嘛云丹嘉措的灵塔，内装有舍利、灵骨、骨灰等。措钦大殿背后有绛央曲结·扎西贝丹当年一人修行的净室。

噶丹颇章，位于哲蚌寺西南面，由于西藏政教的需要，于1530年，由第二世达赖喇嘛格敦嘉措倡建，亦是格鲁派建立噶丹颇章地方政权的策源地。1642年，由四世班禅和五世达赖喇嘛策划，密召青海蒙古固实汗入藏，灭掉了噶玛噶举地方政权建立了噶丹颇章地方政权。

颇章（宫室）共七层，分前、后、中三幢建筑。前院即一、二层楼院，全为地下室的各类库房。二层院落场地，面积400多平方米，四周为僧舍回廊。哲蚌寺每年“雪顿节”时，都要在二层庭院内表演藏戏、跳神舞。三楼东、南、西三面也是僧舍和游廊。四、五楼中有部分僧舍，大部分是佛堂。六楼主要是达赖下属要员办公的地方。七楼为达赖生活起居之所。其中有达赖的经堂、卧室、讲经说法堂、客厅、度母殿和护法殿等。后殿“贡嘎热”庭院，内设经堂，该寺的重要文物在这里陈列展出。

扎仓（学院），是寺院僧人学习显密佛典和藏族传统文化的地方，该寺原有7个扎仓，后来合并为4个，即：罗色林扎仓、果芒扎仓、德阳扎仓

哲蚌寺的殿堂建筑图景

和欧巴扎仓。

罗色林扎仓是全寺规模最大、僧侣最多的学院，建筑面积1 100多平方米，经堂由108根大圆木柱顶立。后殿为强巴拉康（弥勒殿），主供弥勒佛金身，两侧经架上置有各种长条经典。该院僧人多来自西藏昌都、四川、云南等地。除全寺性的诵经、佛事活动外，僧人平时在该扎仓主要进行学经、辩经及其他佛事活动。该学院下设23个康村，康村下设密村。

果芒扎仓是一座仅次于罗色林扎仓的学府机构，经堂由102根大圆柱顶立，面积为1 000多平方米。内有吉巴拉康、敏珠拉康和卓玛拉康等。该学院的僧源主要来自青海、甘肃、内蒙古、藏北等地区。学院共设16个康村。

德阳扎仓的规模比较小，是一处由56根木柱顶立的经堂，面积500多平方米，内主供名沃色的强巴佛。该学院的僧源主要来自西藏山南、拉萨等地。他们显密均学，但侧重工巧明、文艺等，如吹奏佛乐、跳神舞、演藏戏等。

欧巴扎仓是僧人主要学习密宗的学府机构，经堂面积480平方米，由48根大圆柱顶立，内主供格鲁派信奉的三大本尊密部像。入该院学习的僧人，多是从其他学院学习显宗学且成绩优异的僧人中选拔而来。自西藏上下两个密宗学院建成后，学密宗的僧人多去这两个密院学习。

措钦大殿前下方有一宽敞的广场，是全寺的辩经场，从各扎仓考取某一种格西学位的僧人，要想考取更高一级的学位时，都必须在这个辩经场上立宗答辩，获胜后方能考取拉然巴格西的资格。哲蚌寺除了举办关于释迦牟尼佛、弥勒佛和宗喀巴等的圣诞及忌辰纪念节日外，还有一个“琼久节”，即每年藏历七月三十日这天，全寺僧人及所属僧尼云集罗布林卡的金色颇章朝见达赖，随即在达赖的亲自参与下，齐诵祈愿经，并在大殿外辩经斗法。

色拉寺与释迦益西

木马年（永乐元年，1414年）农历十二月，释迦益西遵从师命带领几位学识较高的弟子从拉萨启程，经西藏山南、四川理塘前去内地，不久抵达燕京。释迦益西不但佛学造诣高深，还擅长医道和幻变神通。到达京师时正值永乐帝身染重病，龙体不安。他首先施展幻变神通，在京城下了一场大雪，之后用医术治疗，并施以灌顶，帝病痊愈。永乐帝对释迦益西十分敬信，奉为应供上师。永乐帝令其在京城弘传宗喀巴的精要教法，尤其是宣讲显密经论，设立坛城，做盛大修供仪式。释迦益西遵旨，从木羊年（1415年）新春伊始，分别建立金刚密集、喜金刚、胜乐金刚和大威德金刚、药师佛等坛城，进行长达三个月的修供仪式。修供期间，永乐帝梦见诸佛会集于海音寺上空的祥云中，释迦益西也几次见到本尊神在坛城显现。因此，永乐帝对释迦益西更加崇信，御赐一枚镶有金法轮的金印及其他礼品，以示嘉许。释迦益西为祝愿皇帝万寿无疆，将灌顶瓶置于皇帝的顶髻，作长寿随许法和德洛巴胜乐灌顶。此时，在场的近侍臣及内眷亲眼见到灌顶瓶内甘露满溢而出，连皇帝也惊叹不已。灌顶后，皇帝又赐给他金银珠宝镶嵌的宝座一件，椅子七把，靠背黄缎软垫一套及其他财物，作为灌顶的酬谢。

释迦益西还到距京城不太远的汉族地区和蒙古地区讲经说法，为一些信徒剃度出家，授沙弥戒和比丘戒，为一些居家信徒授居士戒，并为他们宣讲格鲁派教法，引导他们走上佛法正道。另外，为给各地来拜见他的喇嘛、僧官、主持和信民传法，释迦益西因材施教，使其心满意足。因此释迦益西得到了许多信徒信民的供养。后释迦益西赴五台山朝圣，他用供养的财物在五台山修建了6座藏传佛教殿堂。返京后，又在京城御花园之东兴建了法渊寺，在诸寺之中广传格鲁派修行教法。同年四月，永乐帝敕封释迦益西为“妙觉圆通慧慈普应辅国显教灌顶弘善西天佛子大国师”，赐给他印诰。返藏前，永乐帝不仅赐给他佛像、佛经、佛塔、法器、袈裟、禅衣、蟒缎以及绒锦、彩币等许多礼品，还亲自做了赞词送予他。这是格鲁派和明王朝第一次建立关系。

1416年释迦益西一行仍从四川入藏。返藏后，到色拉却顶寺谒见宗喀巴大师，给上师敬献皇帝御赐的缂丝十六尊者像、四大天王缂丝像、镶有宝石的金银曼札各一具、各色绸缎多匹，作为大师的祝寿之礼。还为以噶丹寺为首的几座佛寺的僧众熬斋茶、放布施。

宗喀巴大师在色拉却顶寺住修时间较长，对色拉地方的风水了如指掌。据说大师亲眼见到色拉上空有藏文“阿”字布满空中，如雨下降。因此大师预示说：“此地将建起一座聚集所有讲说、修学大乘法门的大寺。”但这件事一直未能落实，直到土狗年（1418年），释迦益西按大师预言，在这里平整地基准备建寺。因这里长满一种名叫“色拉”（藏语中所说的色拉，即是一种长刺的野玫瑰）的植物。寺址就选择在生长野玫瑰的地方。动工前，还请大师对色拉寺地作加持，并对寺院的布局作了指示。是年秋，色拉寺的基本规模已形成，大师从哲蚌寺前往拉萨的途中，应释迦益西之请，到色拉寺为僧众讲经，还选定了传法密主。

修建该寺的基本资金来源有二，一是由当地德巴内乌宏宝（长官）任施主，二是将京城中得到的大量赏赐与布施作基金。色拉寺建成后，又经过多次增修，最终形成东西排列的建筑群，碉房层楼，参差高耸，围墙如廊。寺内有金殿三座，红墙黄瓦，飞檐四展，鸱吻凌空，营造宏丽，雕塑精良，壁画绚丽多彩。寺周围巨石林立，石刻经咒，佛像千姿百态，重彩浓绘，遍布其间，淙淙清溪流经寺前。

色拉寺的主体建筑，初建有一座规模较小的经堂，后来固始汗的曾孙拉藏汗继任藏王后，为了赎罪，他先在色拉寺修了一座阿巴扎仓，作为他的诵经修法院。之后又兴建了一座108柱顶立的三层措钦大经堂，将原经堂作为拉藏汗在色拉寺的驻锡之所。大经堂内设有三座殿，即供养殿、达赖寝宫、膳房，殿顶为铜瓦镏金。大经堂内的长寿殿中主供十一面观音像、玄色岩石雕刻的四臂大黑天护法神、龙泥塑造的三尊释迦牟尼像，以及响铜和黄铜铸造的佛像等多达108尊。

经堂内净室（藏康）中主供二层楼高的弥勒佛金身，身像遍饰珍珠宝石。两侧为弥勒佛的八大随从弟子，门口塑有两尊忿怒明王身像。东面有拉藏汗主持塑造的吉祥金刚怖畏、依怙主、法王、退敌天母、多闻天子等神像。

大经堂上层殿内供有无量光佛像及法王坚赞桑布法体的大灵塔。甘珠尔殿，内藏明王朝赐予的以珠宝研汁书写的《甘珠尔》大藏经一套，纯金汁书写的《般若八千颂》一函，古老手写本《甘珠尔》《甘珠尔略本》各一部，宗喀巴大师亲手制作的泥塑小佛塔、佛像各一千尊，还悬有几幅明代丝质卷轴像。

色拉寺全貌

弥勒佛殿内供有三世佛像、十一面观音像、龙泥像、响铜像、金像和马头明王卷轴画像以及宗喀巴大师用过的铜钹、大藏经、《宗喀巴全集》等。

护法殿内供有佛世尊金刚怖畏胜魔全面全手像，前方是克扎巴拉护法神像，左面是宝帐怙主像，右面是四臂智慧怙主像，还有多闻天子像、大慈法王香泥塑像等。

色拉寺有三大扎仓，即杰巴扎仓、麦巴扎仓、阿巴扎仓。其中杰巴扎仓和麦巴扎仓为显宗经院，阿巴扎仓是大慈法王按照宗喀巴大师的指示修

色拉寺全貌

建的，为密宗经院。色拉寺设34个康村，僧人定员为5 000多名。有属寺300多座，分别分布在西藏、青海、四川和云南等地。

马头明王殿内供有一座三面六臂马头明王像，每年藏历十二月二十七日为纪念马头明王金刚橛宗教节日。

水牛年（明宣德八年，1433年），80高龄的释迦益西将色拉寺交付于第二任法台达杰桑布后，不顾道路遥远艰险，不辞跋涉之艰难，再次赴内地京师。此时的宣德皇帝比他的父亲更加礼敬释迦益西，让他驻锡法渊寺。不久，皇帝命成国公朱勇和礼部尚书胡汉持节前往法渊寺，敕封释迦益西为“万行妙明真如上胜清净般若弘照普应辅国显教至善大慈法王西天正觉如来自在大圆通佛”，简称“大慈法王”。木虎年（明宣德九年，1434年），宣德皇帝御赐“释迦也失（益西）缂丝像”一幅，像的左边缂织有汉藏两种文字的封号全文。

木兔年（明宣德十年，1435年），大慈法王辞别皇帝离开京城，取道西土。途经青海民和转导的佐毛喀时，示现圆寂，享年82岁，于是在此建寺，名为弘化寺。释迦益西的灵塔被奉安于新建的大塔中，该寺也是因大慈法王在此示现圆寂而缘起形成的。宣德帝御赐大慈法王的缂织丝像由其弟子带回西藏，该像原供奉在色拉寺内，现已收藏于西藏自治区文物管理委员会处。

一切智格敦朱巴与宗喀巴大师喜结法缘

格敦朱巴是后藏日喀则西北达纳绕噶多杰地方的人。他出生后，家中曾遭匪劫之灾，当盗匪来劫之时，母亲将他包裹在小皮袍中，藏在一处山洞中。盗匪走后，母亲来看他时，只见许多禽兽护围在岩洞周围，他却安然无恙。他曾为富人家放过牛羊，跟姐姐学刻过六字真言等石刻技艺。7岁丧父，他抄写了一部“药师经”，以清父亲罪忏，代父回向。后来母亲送他入纳塘寺出家为僧，从师学习佛教经论、诗镜论、声明论等，逐渐成为佛学学者。15岁授沙弥戒，20岁授比丘戒。木马年（1414年）盛夏，盛誉全藏的宗喀巴大师应阐化王扎巴坚赞之请，正在扎西多喀寺一面做修夏安居，一面为僧俗大众讲经说法，24岁的格敦朱巴和经师敦智克珠一同慕名前来听讲，他深深地被大师的讲经及行为风范折服。经大师身旁贡桑巴和喜饶僧格二师的介绍，大师与格敦朱巴一见面皆生喜悦，格敦朱巴乃拜宗喀巴为师，喜结法缘，向大师学习格鲁派教法。以后他便往返于噶丹寺和桑普寺之间，拜师广闻显密法论。从大师处修学了《菩提道次第广论》、胜乐轮本续解说、秘法灌顶等显密经论；从贾察杰处学习了因明、般若、慈氏五论、密集续等经论。由于格敦朱巴智慧敏锐，深得大师的嘉许。当时，大师深知格敦朱巴有弘扬戒律的因缘，因而赐给他一件穿过的五衣。一次，格敦朱巴为了受持清净戒律而前往卓萨寺学戒，临行时，大师送给他一块金子，作为学戒的顺缘。这也是他跟从大师的最后一次闻法。木牛年（1445年）初，密宗大师喜饶僧格协助他在日喀则北面的扎什伦布山下选择建寺基地，火兔年（1447年），在后藏大贵族曲雄朗巴索南贝桑和宗本琼结巴·索朗班觉的资助下建成一座佛寺，以山名取寺名为“扎什伦布寺”。这是格鲁派著名六大丛林之一，经历代扩建逐步形成的一座规模宏大的寺院，他自己担任该寺的第一任大法台。当噶丹寺第五任赤钦卸任后，寺院教务乏人主持，派人来请格敦朱巴出任噶丹寺赤巴，他婉言谢绝，遂举荐克珠杰之弟巴索·却吉坚赞前去。格敦朱巴一生著述较多，共24卷，其中《毗奈耶经广戒经疏》《律经注释》《量理庄严论》和《自传》为其代表作。

格敦朱巴自三世达赖喇嘛后，被追认为第一世达赖喇嘛。自格敦朱巴之后，扎什伦布寺成了历世班禅额尔德尼驻锡的行宫。

十六、整宗风依律守戒　革陋习清净佛界

经、律、论合称为三藏，俱具经、律、论三学者称三藏法师。佛学家认为，国无法则乱，佛无律则衰。戒律和佛教相伴相随，故戒律学在佛学中占有重要地位，宗喀巴大师曾说过："没有戒律就没有佛教。"因此大师一生中，如守护自己的眼珠一般守护着戒律。大师3岁授近事戒，依律守持五戒；7岁授沙弥戒，依律守持十戒，即：不杀生、不偷盗、不邪淫、不妄语、不饮酒、不舞歌观听、不涂饰香鬘、不眠坐高广大床、不得非时食、不触摸金银宝物；25岁时授比丘大戒，按戒律必须守持253条比丘戒，这253条戒律，规定得更具体更详尽。大师的一言一行、一举一动皆依律而行，从不犯过。就连比丘十三资具，大师皆恪守不渝，毫无犯堕，依律而修，依律而行。戒律虽有显密和大小乘之分，但其最根本、最主要的乃是比丘戒，比丘位居七众之首，又是三宝之一，因此比丘戒是佛法的根本，大师自己不但授比丘戒，严守戒律，而且为近侍弟子和广大僧众做出表率。

要使僧人有律可依，有章可循，除以前诸大德所著关于戒律方面的许多著作外，大师结合善规派的闻思修、讲辩著实际撰写了《菩萨地戒品广释》《十四根本罪释》《事师五十颂解说》三部戒律论著。1402年，大师完成了《菩提道次第广论》一书，1406年又著述了《密宗道次第广论》。他的亲传弟子格敦朱巴（一世达赖）和持律师扎巴坚赞二人皆著有《毗奈

耶经广论因缘集》，两书皆叙述了毗奈耶四律典制戒起因的故事，以故事的形式阐说守律和违戒的因果关系，这些著作为创立宗派、改革佛教中出现的陋习打下了良好的理论基础。桑桑勒仁巴·奇麦巴所著《宗喀巴传·黄金灯》一书中说：“宗喀巴大师不仅是一位善巧者，而且是一位最胜的戒律严谨的大师。”大师自从接受别解脱戒中的比丘戒后，即常带三法衣、锡杖、钵盂等必备资具从未离身。甚至取水、撒净水等毗奈耶律典或四十七事中规定的事务，过去由四众会中的诸师委派亲近担任，但在大师座前，大师只选善男子负责这些事。宗喀巴大师语德高洁，其语言不仅远离粗言庸语，而且每句言辞都含有法义，完全以修持和念诵本法为主。不管哪样的人士前来拜访，他都热情接待，脸像绽放的莲花一样。当众弟子劝他用手印女作修持最高境界之法时，他正颜厉色地回绝了，大师言辞恳切地对弟子们说：“一切功德的根本，是应当使所承许的戒律清净无染。我对于别解脱戒的他胜僧残粗重等堕罪，从未犯过，发现一些犯堕、恶作等情况时，当作忏前戒后，你们也应像我一样去做。至尊文殊曾有言教说，应当圆满具足出家相的装饰，应遵守从细微戒规以上的一切戒律传统做法。”因此大师严守戒律、以身作则的美誉传遍雪域各方。当时其他一些宗派的活佛、上师、僧侣对宗喀巴大师所制定的戒律法规深有感触，就连当时的执政阐化王和长官南喀桑波也诚心尊他为上师。因为他们也亲眼看见了一些宗派的僧侣中出现的种种劣迹和陋习，对这些陋习不进行革除、整饬，佛教在藏族人民心目中定会一落千丈，对西藏社会也将带来不安定因素。对此，宗喀巴大师早在45岁那年，与两位弟子一起从热振寺来到南木顶的阿尔钦波·绛曲益西的寺院中，在地方长官云丹嘉措的承事供养下，与集聚在这里的600多名僧伽一起坐夏令安居。期间大师与三位法王一同商议整改时弊陋习之事，认为如不整改，雪域藏区的佛教会日渐颓废。若要振兴佛教，那就一定要淘汰末法时代的无知、邪见、疑惑等污垢，而大力弘扬清净戒律，否则也绝难奏效。

为了振兴佛法，三法王首先分析了当时西藏政教方面的形势。总的来说，西藏的大多数宗派、寺院、僧侣仍是好的，比较清净而无污染。但由

大师 45 岁那年，与两位弟子一起前往热振寺。

于当时卫藏之间不断发生冲突，甚至引起战乱，藏族人民陷于水深火热的灾难之中。有的宗派、寺院戒律松弛，僧人不受戒律的约束，浪荡于农牧庄园，胡作非为。一些僧伽认为，他们是修习大乘密宗法的胜士，毗奈耶戒律只可约束小乘佛教的僧尼，而约束不了他们。他们找女性作手印而修（俗称双身修），甚至饮酒作乐；一些寺院的入寺僧人不愿受戒，尤其不愿受比丘大戒，不愿用繁琐的戒律来约束身心；少数求戒者，无受戒僧装（祖衣、七衣、五衣），受戒时借用他人僧装，授戒毕，立刻还于他人，受戒者仍着俗人服饰，僧俗不分；一些出家教徒披着出家僧装，将所有制戒置若罔闻，成天厮混，更甚者同男女混跳不伦不类之舞，唱粗俗的山歌、情歌，比俗人更加疯狂。这些出家人不依佛教的教义教戒要求自己，不追求解脱和一切智，也不为利益佛教和众生的安乐，出家动机不纯。他们认为，穿着出家的僧装会集在某一大殿时，即使没有人请他超度亡魂或者为活人祈寿祝福，最差也可享受一次斋僧茶和斋粥的供养，还可以免除交差纳税的苦事。凡此种种，在当时佛教界负面影响极大。与此同时，三法王在无量会海中为大众讲述了比丘经，又将律仪中所述的诸罪名相及还净仪轨，都一一加以详细解说。说法时，三位法王言语恳挚而悲切，处处流露出护教之热忱，因此参加法会的600多僧人，个个感动得痛哭流涕，都在忏悔过去因无知所犯的戒律，并同声誓愿，从此以后，一切举止均依戒律而行。一位竹巴噶举派一尘不染的瑜伽自在师，在面对佛教界出现的种种时弊和陋习时，无可奈何地以道歌、散文、传记的形式无情地作了披露："亲眼看见一些'活佛''格西''咒师'等已有地位的佛教界人士，自诩是佛祖释迦牟尼的虔诚信徒，而实际上却是作威作福、贪赃枉法、兴建豪华别墅、贪图享乐的卑贱者，更有甚者，宗派相争，蓄养僧

宗喀巴大师与三法王在热振寺商议宗教改革

兵，挑起战乱，危害一方。”这位大师又在其《散集》一书中写道：“坚持苦行之僧侣较少，贪财图利之徒则颇多，名为信徒却背佛道而行，名为上师却作威作福，名为禅师却暗藏娇妻，名为正士却粗俗狂妄。”对一些寺院僧侣并不修持佛陀密意，只玩弄表面文章，玩弄华丽的辞藻而虚度年华亦进行了讽刺。在他的《自传》中说：“去到法相学院学经，背着一袋词语而归，却把实际内涵丢掉，目空一切，自以为是，离经背道，相悖而行，毫无所获而徒劳往返。还有个别僧人以吞刀吐火来惊世骇俗。”往昔，凡班智达皆头戴红僧帽，身着红袈裟。宗喀巴大师开始也戴红色桃形僧帽，因当时他的启蒙上师是噶当派名僧，所以宗喀巴大师也是噶当派僧人。约从土龙年（1388年）开始，他改戴黄色桃形僧帽，外罩袈裟亦为黄色，表示继承和严格遵行喀且班钦·释迦室利所传印度部派佛教说一切有部戒律的决心，提倡僧人应严守戒律。大师50岁左右时，面对戒律涣散、日益式微的卫藏佛教，他深感痛心，在以阐化王为首的前藏长官的大力支持下，他立志起衰救弊，锐意改革：

第一，要求僧人严守戒律，其内容主要有以下五个方面：强调僧人过严格的宗教生活。每个僧人的一切言行、衣食住行皆依律而行；提倡僧人割断与世俗的联系和结合，不干涉世俗事务；反对僧人生活放荡，追求权势利禄。

第二，严禁僧人娶妻生子，戒以女性作手印修持，戒杀生，禁饮酒；令所有随从弟子，日日体察自身有犯无犯，倘若有误犯，当即还净。

第三，提倡学经制度，注意修习次第，应该依循先显宗后密宗，先闻思后修习的次序，按部就班，循序渐进；规定五部大论为必修课，创立辩经、考试、格西学位制度。

第四，在寺院管理方面，每个寺院制定出切实可行的规章制度，僧人依规而行；主要学经机构与经济管理必须分开，管理实行“委员制”，摆脱对单一世俗农奴主的依赖关系，而应该与各地方势力广泛建立起“施主”关系，使其在经济上给予资助。

第五，创立格鲁派，大力复兴寺院，因噶当派和新创格鲁派基本上是一脉相承，故称新旧噶当派，将所有噶当派的寺院逐步纳入格鲁派的属下。

在西藏传教的各个教派中，宗喀巴大师创立的格鲁派是最晚形成的一个教派，但由于宗喀巴进行了一系列有效的宗教改革，从而恢复了佛教在西藏的权威、地位和号召力。既赢得了僧侣们的广泛拥戴，又迎合了统治阶级的需要，取得了他们的支持。因此格鲁派后来居上，成为藏传佛教中一个最大的教派。藏文史籍和佛典中也高度赞扬了宗喀巴和格鲁派，称他是“典范教主”，格鲁派为“典范的正教噶丹宗派规”。

十七、通经论静地禅修　获证悟屡显奇迹

宗喀巴大师自幼就有出离心、大悲心和菩提心，并以三心调制自己的身心。他视生死轮回如熊熊的火炕，视世俗之家如蛇蟒之窟，自然地心中升起真实的出离心。他的弟子克珠杰说："上师的三心与生俱来，而不是此生修持对治法而新生起来的。"因大师前生立有誓言，尤其以文殊的化身而乘愿来到雪域，为了清净藏区佛教，解脱芸芸众生，让佛教在这里弘扬广大，树立起神圣而纯洁的法幢，他做出了许多殊胜功德。严守戒律，苦心修持是其中的功德之一。

宗喀巴大师在3至7岁间虽有父母的呵护养育，但常在启蒙上师端智仁钦尊前学经修身，在夏琼寺出家受戒后，除学经外，其余时间便是打禅静修。他在悬崖禅洞中修持文殊五字心咒时，在禅室内外的壁上自然显出了许多五字心咒的字母及智慧之剑的图案。修炼期间，梦中多次见到阿底峡尊者、金刚手菩萨，后来到前藏见到尊者身像时，竟与梦中出现的尊者圣容一模一样，说明他前世曾转生阿底峡尊者，在西藏佛教后弘期振兴佛教，使之重新恢复起来。在夏琼寺学经时，法王端智仁钦将宗喀巴视为掌上明珠，特意培育和呵护。正如传记中所说，上师对他像培育大宝药树的幼苗那样抚育，后来宗喀巴大师常说，上师对他的恩德没齿难忘。大师在卫藏学经时，但凡提恩师之名，他都会合掌加额流下虔诚热泪。大师17岁时到止贡梯寺从金厄哇上师学经后，爬上止贡梯山，只见满山遍野的修行

崖洞、土筑小禅室，就意识到这座寺院的修持风气十分浓郁。上师为宗喀巴选择一修行洞，让他在洞中静修，这使他十分满意。此后，宗喀巴又几次来过该寺，依然住修于那个禅洞中。后来该禅洞被命名为“宗喀巴修行洞”，从不让其他僧人住修，据说这个洞留存至今。大师在聂唐极乐寺学经期间，凡饮茶之前都要念诵一遍《般若经》，一次念到“一切法现有而无实义”时，不知不觉入于禅定。久而久之，每当念诵斋茶前的《波罗蜜多经》时，都会出现不需用功自然入定的现象，据说大师这时已经有了通达性空三摩地的感觉。在修学佛法中，修行者十分注重闻、思、修三个方面，修是其中的一个至关重要的环节。所以大师在闻思的同时，将修持列为他的必修课。大师在修行中得出了“只有潜心修持正法，才能获得殊胜成就，只有得到殊胜成就，才能引有情众生走上正法之道，也才能普度众生”的正确理念。

宗喀巴大师在止贡梯寺学经

大师设供祈祷雪域众生安定幸福

大师21岁时，在聂唐极乐寺住修期间，那里发生了讼诉乱事，使他感到十分伤心而身患重病。此时，听说堆隆河谷地方有一位精通邬金（莲花生）念诵法的人，于是欲到那里求得秘诀，但未能奏效。复返极乐寺治疗，却仍不见效。后到乃宁寺，在那里为僧众讲经说法，住了一个冬天。土马年（1378年）初春，他从前藏来到后藏，经纳塘寺来到萨迦大寺。在此，他一方面从师学经，一方面到萨迦寺仁钦岗拉章的后面，专心念诵中性“哈”音等法，不知念了多少遍，所患身病竟不治痊愈。当他听到有从宗喀故乡寄来信物的消息时，从萨迦起身经长途跋涉来到前藏。给慈母回信后，决意不返宗喀，而继续在卫藏闻思修。秋天，他来到墨竹拉隆寺，在索南扎巴大师处聆听了一些经教后，于一段时间中闭关修持，利用间隙又阅读《量释论》。他从最初发心的阶段，即已清除了对大宝佛教的不了解和颠倒思维的污垢，而意识到必须阐明所有清净教法的心要，使其如太阳一般光辉灿烂。大师观察到，若不善巧精通远离二边的中观道，不仅不能趋入一切智佛位，而且亦不能掘出生死轮回之根。因此抉择真实性空，成为最大的要义。这就是大师修学中观论后，总结出的自己的思想理论体系，即“中观缘起性空论”。

大师33岁时，在雅隆艾嘎岩寺中闭关修行，一心专修胜乐轮本尊念修法及四座瑜伽法门，同时多次修持自身生起本尊法，还实修“妮古六法”所缘法门（注：由密乘妮古空行所传六种秘法分别是脐火暖乐自然、幻身贪愤自解、梦境迷乱自净、光明愚钝自醒、往生不修自觉、中有如来报身）。大师经每天修炼，脐轮气息瑜伽的感觉倍增。火猴年（1392年），大师36岁，同邬玛巴上师一起来到前藏噶瓦东寺，在此寺住修几天后，又到拉萨大昭寺，在释迦牟尼佛像前作供养并虔心祈祷后，复往噶瓦东寺。他与邬玛巴大师二人在此寺一起闭关静修。之后由邬玛巴作翻译，大师在至尊文殊近前聆听了许多教法，并详细启问了一些疑难要点。从邬玛巴上师学习了“修定所缘”后，大师依法精修。此时，大师想从现在起勤苦祈祷至尊文殊，并闭关专修，他将自己的想法告诉了邬玛巴上师，上师表示同意。于是，大师昼夜都在与至尊文殊无二、无别的上师（指邬玛巴）前勤苦祈祷，并闭关修持。未过几日，有一天他明显地看见一座曼荼罗，中心的颜色如用上好的靛青涂抹而出的那样鲜艳，而且极为莹澈，久看不厌，坛体为圆形，周边有如五彩虹光构成的光网，在其青色的中心点，清晰地现出一尊结跏趺坐的至尊文殊，其胸间现有状如红花的“阿、拉、巴、杂、呐”五字心咒。对此，大师虽没有告诉邬玛巴上师，但上师却问他道：“你似乎已亲见本尊身像？”大师知道瞒不过上师，也就照实说了。从此，大师一作启请，文殊本尊就会出现在眼前，后由邬玛巴上师任翻译，大师在文殊本尊前聆听了“文殊独勇能怖金刚”“无上瑜伽法”，护法神阎摩法王的外、内、密三种“随赐灌顶”和加持法，以及三摩地灌顶法。不久，邬玛巴因要去安多宗喀故乡，与宗喀巴暂别，大师马上意识到应趁尚未离别之际，请求修行摄要之法。师徒二人商议后，遂去大昭寺，在大昭寺“阳托顶玛”的南边、镏金屋顶的飞檐下，陈设供品作祈祷，以此获得本尊文殊开示一些修行摄要的偈颂。大师仔细听受，一一笔录下来，此间大师又从邬玛巴上师处聆习了“密集不动金刚的四灌顶法”。之后，邬玛巴去了安多宗喀，大师于是年秋末，在觉摩隆寺为僧众讲说了许多经教。

大师38岁时，即木狗年（1394年），离开尘世去闭关专修，他带领前藏四弟子和多麦四弟子一行九人乘船来到沃喀，是年冬季和翌年春季，就住在沃喀却隆寺。这座寺院在今西藏山南专区桑日县境沃喀地方。到寺经请求寺主后，为八位弟子每人安置了一个修行洞，让他们住在洞内专心修习。这时，沃喀宗的头人扎西坚赞从托科来到却隆寺附近时，看见却隆寺里发出几道佛光，于是派部下去察看，察看的人回来说：“那九个洞中有九名瑜伽师在修炼，故有佛光出现。”头人父子一听，对宗喀巴一行心生敬仰，主动作施主承事供养。大师在这里住修时，开始意识到以积资忏净最为重要，于是师徒九人努力完成具备四力的积资忏净法。修行是一件最苦的事，由于大师每天忏罪不断，磕长头顶礼以致指端裂缝，指血常流出。他每天供养的曼扎是用一块沉重的石料做成的，久而久之，肘部磨穿，鲜血淋漓，大师却不以为然。那时大师每修一次忏罪法，都要百拜顶礼。这种苦修法感动了诸佛，三十五佛的真身像也不断地真实出现。后来大师又亲见至尊弥勒怙主，身如纯金，诸宝庄严，说法手印持着花柄，于宝座上结跏趺坐，身形高大。又亲见释迦牟尼佛、药师佛身着黄色法衣，如弥勒妙善坐姿，出家服装上披着袒衣，手持那伽树枝，以净瓶为标识。由于所见这些景象属于心境现象，大师未做十分之肯定，尚需观察。同时，他的宗喀地方的弟子道丹·绛白嘉措也真实地见到了文殊菩萨真身，还得闻文殊语教。文殊对他说：“宗喀巴所见之相，并非普通的内心现象，苦做猛厉的祈祷，可以见到真实身像，对将来是有殊胜缘起的。”大师对道丹巴所见之现象，也多次做了观察，并启问甚远教法之扼要，所得答复皆正确无误，因此大师也就深信无疑。据《却隆寺简介》载：“由于大师的极大修力之故，那个石曼扎变成了晶石曼扎。经堂内因忏罪修供而出现的三十五佛的壁画、供养曼扎处的奇石印、百拜顶礼处的圣石印等，以及师徒9人修行过的禅洞至今依然存在。”

宗喀巴大师39岁那年，每当他入静修持时，就会出现佛、菩萨、度母、护法、本尊等身像，且每出现一次，他修持的功力能量就会大增几倍。一次，他正在修习，又看见本尊文殊现身，还有佛菩萨和侍众环围。文殊胸间出现了一把由内向外的剑，剑端连接至大师的胸间，剑上流出黄白色的甘露，其色光泽晶莹，从文殊胸间的剑上连续不断地流注大师的心中，大师全身出现难以言传的无量无漏大乐。大师开示说："那时有认识和不认识的许多徒众争先张口承受甘露，一些人的口中流入许多，一些人的口中只流入少许，也有人口虽张得大，但一滴也未流入。"

在一段时间内，大师的心中萌发了前去印度深造的念头。师徒十三人观察了一些征象和梦兆后，从涅区启程前往洛扎，他们本打算从印度山林取道，前去拜谒大成就师弥扎卓根后，再去摩揭陀。到洛扎后，大师将自己想去印度继续求法的想法告诉了南喀坚赞上师后。上师说："如果去印度，你自己虽然能成为精通十八种明处的大班智达，也将会成为金刚座的堪布。但人的生命有限，你乘愿来雪域教化众生，振兴佛教的宏愿难以如愿，你应当继续在卫藏传法、修法，向文殊祈祷，会迅速获得护持。"之

1394年，宗喀巴大师38岁，带领八大弟子渡雅鲁藏布江到沃喀修行。

大师在却隆寺修行时，亲见弥勒佛示现。

后又对大师传授了一些教法秘诀，开示了显教方面的道次第等噶当派的许多法类。大师听完上师的一番忠言教导后，也就放弃了去印度的打算，从洛扎去了洛若。在洛若东达寺（ལོ་རོ་སྟོང་སྡུག་དགོན）住修了5个月，一心专修，他还迎请了一部名叫《教法次第广论》的经典，详细拜读后，对修行教授、修行次第等有了更加明显的认识。大师与洛扎南喀坚赞的上师堪钦·却嘉桑波会晤，互传了教法，后辞别大堪布经扎果尔前往涅区下部的赛杰冈，住修于雅占寺（ཡར་འདྲེན་དགོན），这年是火鼠年（1396年），大师已年届40岁。在夏季里，大师一直勤修祈祷文殊等修持法时，文殊对他开示："你应当依一位印度大班智达的论著学习，不久即能通达中观正见。"文殊指示大师的预言与洛扎上师所言十分吻合。

当时，宗喀巴大师一行经常断粮，基本生活没有保障，无可奈何的情况下，向毗沙门作供养祈祷，不久即获得了一些俗人的供养，生活才有了着落。此后不久，大师一行想由此前去巡礼咱日神山。"咱日"也是卫藏一座著名的神山，位于山南地区的隆子县东、朗县之南，是珞瑜地区一大名山。这里住有土著民族珞巴族。咱日神山海拔6 000多米。公元10世纪左右，西藏竹巴噶举派开拓者藏巴嘉热·益喜多杰（1161～1211年）曾到咱日朝山巡礼，在此修行了一段时间后，根据修炼后出现的特殊征兆，向人们说出了此山乃是佛教密宗胜乐金刚的道场。于是，他首创了前往巡礼之例，自此咱日也就成了信徒崇拜巡礼的神山。宗喀巴一行30余人到达咱日后，住修了几日。期间，他们给这里朝山的人们提供茶水，朝礼了山中的一座小寺庙，修习了胜乐自入法。之后师徒一行徒步绕山巡礼，来到一山口处刚准备下山时，大师心中产生了此处不作内供等会供轮的念头，突然脚部如刺扎入疼痛难忍，不一会儿足部还肿起了一黑紫块。大师马上意识到他那一念之间的想法是不对的，遂择吉时，修供胜乐的会供法事。令人奇怪的是法事还未完毕，疼痛立消，肿块也基本消失。对于此事，在“咱日圣地解脱”中说：“那时宗喀巴大师脚部疼痛发肿，空行母等真实现身，对大师说：‘此一圣地，是胜乐轮本尊不供的曼荼罗（即坛城），因此必须供养内供等。’”大师依度母圣谕，修供内供等会供轮法事，即刻见效。对此，空行母赞道：

空行圣地咱日山，
噶举诸师与本尊，
空行护法前启请。

宗喀巴大师亦作偈句道：

清净罪障求加持，
违缘灾厄祈熄灭，
胜供悉地请授赐。

这六句祈颂词，至今在信徒信民们朝礼转山之时皆奉行念诵。大师会供后，心中产生了许多关于生圆二次第的通达，以及许多有关弘扬教法和利益众生的缘起。当时，宗喀巴因足肿痛而暂住一山洞中，至今那山洞仍被信徒信民称作“宗喀巴洞”。

大师一行巡礼咱日神山后，又到涅区下部的僧格宗，在这里对“时轮”金刚圆满次第六支瑜伽等修道之诸要点进行了一次彻底研究，生起了定解，并获得无畏的辩才。

大师在涅区做完了利益教法和众生的事业后，再次前往沃喀，住在沃德贡嘉拉雪的拉顶静修地。这一年中大师兼行自修、利他两种事业。早在最初通过邬玛巴大师请问文殊菩萨时，宗喀巴就极想了悟中观见的意义，然而从舍事专修到现在，对于中观见要义，以及代表中观应成派的月称论师和代表中观自续派的清辨论师两家见解的异同，虽然屡次思考，但仍不太明白，无法获得究竟的决定。因此，他决意继续遵照本尊所教积极三事并修，对本尊殷勤祈愿，修本尊法，净除罪障，积集资粮，详细观察，勇猛精进。这样修了一段时间，一天夜里大师梦中见到龙树、佛护、月称、清辨等印度论师在辩论“自性是有是无”等义理甚深的问题。其中，佛护论师身形显得特别高大，全身青色，手持梵文《中论》放于大师头顶上作加持等。第二天，大师阅读《中观根本佛护释》时，对于应成派中观见的究竟要点，未费力而心中生起了与以前不同的究竟定释。此时，他才想起洛扎上师所言，以及在涅区时文殊所作预言，即让他依一位印度班智达的身像及所著论说而学之事，这时竟完全应验了。因此大师在后来写作《中观论根本广释》一书时，对于原文中出现的难义要点，多引证佛护论师的释论作注释。不久上师即撰出了《缘起赞颂嘉言心要》论著，之后大师又依真实空性专注于三摩地而勤修，使修力日增。

在大师的修法过程中，常有本尊文殊示现加持指导，大师也勤谨地为文殊供曼扎，不断祈祷。在修持一些显密经论时不费力而通达。他的弟子道丹巴说：“大师之宗派，即文殊之宗派。”

土牛年（1409年）十二月初三日晚，大师又做了一梦，梦见文殊菩萨的十九尊圆满曼荼罗现起，菩萨将一个盛满了泉水的宝瓶递给大师说道：“这水是我与弥勒、阿底峡一起在吉曲河畔讨论教法时的净水和合之水，至今已过了310年，一直找不到可以交付的人，现在正是给你的时候了。”醒后，大师意识到这便是密指文殊菩萨的深观派、弥勒的广行派，以及金刚持菩萨传下的加行派。三派于阿底峡尊者处合流成为完整的教法，如今完全交予大师弘扬。此次梦境，实际是一次由文殊金刚为宗喀巴的灌顶并授权他为显密权威性教主的象征。

大师在初四晚上又做了一梦，梦见装饰有诸宝的一座宝塔上坐着一位身着喇嘛僧装的上师，自称是夏鲁寺的布敦仁钦朱大师，他将一部《集密根本续》的经典交给宗喀巴，说道：“今天你就是这部经的主人。”当时大师心想：“这部经后面到底有没有缺漏？”于是将经打开，从头到尾详细地翻阅了一遍，发现完整无缺。最后，喇嘛又双手捧经，放在大师头上颂灌顶真言，并以手印加持三次。

大师在55～56岁之间，因疾病灾障而不断修持，其众弟子亦为上师除病而一同闭关修持。经过连续几次的长时间闭关修持，魔障仍未消退，疾病不见减轻。据说每严谨闭关修习一次，他的显密二宗的功力亦会增加一倍，有天晚上，大师亲见佛祖驾临上空为他降魔除灾，自此魔障也日渐消退，疾病连根拔除。

以后，大师在做佛教事业的同时，对显密二宗和生圆二次第的修持从未中断。他修习生起次第的证悟达到究竟后，即进入修持圆满次第的功德。依次第修持一段时间后，一切空光明现起，同时生起俱生大乐，以此亲见真实空性，随之又生起四喜与空性配合的空无境地。

十二月初五，大师对噶举派祖师玛尔巴所传之合修法获得坚固不谬的见解；十二月初六，大师又领悟了玛尔巴所传的这些合修法正是《集密根本经》和龙树菩萨中观见的正义，并获得决定见；十二月初七，大师阅读了提婆的《菩萨摄行炬论》，生起殊胜的定解。自此，大师持续不断修养殊胜乐空而住定于乐空三摩地，获得许多生圆二次第的修证。大师修持将要达到成佛之际，须依赖手印修行，众多弟子请求大师选用一合适的业手印母修习为佳，大师说：“我内部的近取因全完具足，也拥有依手印的诸要扼，依手印是不会发生过失的，而且将实现迅速成佛的方便，但是那样做，总的对于佛教有害，会伤害教法根本——戒律学，故不用人作明妃而修，也不开许那样的修法道路。”因此未答应弟子们的请求。那时大师已拥有戒、定、慧三学和出离心、菩提心、清净正见等大乘共通道之现证功德。大师还曾向他的上乘密宗成就弟子道丹·绛白嘉措请教过修学秘法的要旨，弟子也将修法秘诀传给了上师。一次，道丹巴梦中见到宗喀巴之塔，塔的量度美好圆满，塔尖直达云际，色极洁白，如涂白瓷那样光彩，云际中出现空行女，装饰有骨饰和各种宝饰，手执注满白色甘露的宝瓶，以瓶中甘露遍注白塔。梦醒后，道丹巴以梦境启请文殊，文殊开示道：“这些征象是表示宗喀巴心中已通晓一切显密要道，达到了圆满究竟，是乐空殊胜三摩地已于心中生起之象。”

在大师一生修法中，曾出现了许多奇异的现象，如大师举行神变大法会期间，诸佛、菩萨、度母、天王等降临拉萨上空的祥云中，为大法会做加持；在宗西寺竣工开光仪式上，又有三十五佛出现于上空撒下花雨；大师闭关修四业护摩时，天降大雪，别的地方都积了五寸厚的雪，唯有大师修行地约一丈范围内，没有一片雪花降落；当大师一行在温区的扎西多喀修行时，由幻化塑造师在一天内建造大师身像七尊，大师也用神变于一日中剃发七次，以每次所剃之发装入一尊身像中，示现了许多幻化事迹。往昔，佛世尊将无热恼龙王所献的右旋海螺交给弟子阿难，要他前往雪域将海螺密藏于卓日旺古山中，大师依佛之预示，从此山中掘出所藏海螺作为法螺，后将这只法螺赐给绛央却杰，令其修一座弘法佛苑，他遵大师之言修建了哲蚌寺。有一天，日光极强，僧众眼见大师口中发出一道光遍于天地间。贾察杰见大师一齿脱落，大师说：“无与伦比的克珠杰，此牙齿赐给你。”贾察杰和持律师等人说：“请问大师，为何不赐予我等？”大师说：“不是不给你们，但克珠杰与此牙有缘，由于文殊示有悬记，讲说诸密续也是此义。现在你们在七日之中作虔诚祈祷，然后可以给你们。”克珠杰将牙齿捧到自己的寝室连作祈祷，顿时光照满屋。七日之后，大师命

宗喀巴大师修习次第的图景

将牙齿拿来陈设善妙供养，启封看时，整颗牙齿竟变为一尊文殊像，像之头部和手节上如镶嵌珠宝般长满舍利。文殊头顶处的绿色舍利，大师赐予华沃多杰；额间的品色舍利，赐予贾察杰；喉间的金色舍利，赐予布勒雅西；心间的吠琉璃舍利，赐予持律师。身体各肢节共生出舍利一千零二颗，分给了那里的大众。从此以后，大半年时间中，舍利复增生而作为普遍奉安供养。

十八、示寂前说法不止　为传承选定密主

宗喀巴大师为了利益佛教和众生，做出了广大事业。对于雪山丛中的有缘众生，大师亲作度化事业。即将达到圆满之时，即土猪年（1419年）秋季，拉萨附近堆隆的一些信徒信民恭请大师去当地的温泉地方住修一段时间，说是有益于身体的康泰。这时大师想到，此生剩下的时间不多了，又是信徒信民们诚心迎请，于是答应去堆隆疗养几天。乘此机会，想在拉萨大昭寺释迦牟尼佛像前作最后一次顶礼供养，对那里所度化成熟的众生也开示最后一次教言。于是大师在众弟子的服侍下从噶丹寺起身前往拉萨，在大昭寺释迦牟尼佛像前作各种供养并发净愿后，来到堆隆温泉地方。据说，大师曾在咱日神山巡礼时，突然脚肿而难以行走，为胜乐金刚施供后虽有好转，但未痊愈。到温泉疗养时，大师看见有一只跛脚乌鸦将其跛脚伸入温泉中，久久没有离开，令人惊奇的是离开温泉时它的脚竟不跛了。大师见此异事，也仿效乌鸦将脚泡在温泉中，连续浸泡几天后他的脚肿病很快好转。其实，温泉中所含诸多矿物质和微量元素，对皮肤、关节、筋络等方面的病痛有很好的疗效，所以大师的脚也好转了。在堆隆的日子，大师对这里的有情大众又赐以正法和加持作赠礼。

大师一行从堆隆离开前往哲蚌寺，寺院用抬轿前来迎接。大师莅临哲蚌寺的消息不胫而走，前来求法的学者僧伽约2 000余人。西藏帕竹政权作承事供养，大师为求法者讲授了《菩提道次第导释》《那若六法》

《入中观论》和“密续”解说等显密经论。过去，大师对在家的俗人并不广讲教法导释，但这次不同，他为了在民间广泛地播下未来殊胜因缘的种子，无论是城镇还是偏远牧区，也不管是僧侣还是俗民，甚至对乞丐都广布佛法甘露。期间，大师为哲蚌寺密宗经院作了开光仪式，还利用僧俗大众给他的供养，让塑造工艺师保密的情况下，塑造了一尊银制的毗卢遮那大日如来像，供奉于该寺密宗经院中。

以前，大师讲经说法时，除讲《时轮经》外，讲其他密续时从来没有出现过中间突然停讲的现象，但这次当他讲到“密集”第九品时，目视噶丹寺方向，若有所思，突然向座主说：“我有要事，要赶快回噶丹寺。”施主和闻法大众听后感到很难过，恳求大师再住一月或半月，至少将未讲完的部分口诵一遍。大师回答道：“现在迅速起身，对所有大众都有好处，密续和道次第未完部分，昨天已讲过。”说罢即刻起身离开哲蚌寺。其实大师这样做有一定的寓意，是预示显密法流尚未完毕、佛法长流不衰的缘起。

大师在回噶丹寺的途中，又再次前往拉萨拜谒释迦牟尼佛像，并供养发愿。此时，拉萨北郊的色拉寺已圆满竣工，大慈法王释迦益西殷勤地迎请大师至色拉寺，为大众说法。法会上，大师想到藏地真正的密法已隐没多时，虽然自己极力弘传，培养出许多讲经说法的人才，但弘传密法的道场却寥寥无几。因而，大师再三叮嘱释迦益西务必在色拉寺修建一座密宗经院，这就是今天的色拉寺下密院。为结未来之殊胜因缘，大师师徒又在色拉寺作了半个月一次的诵戒会（即每半个月聚集僧众，朗读253条戒律，检查僧众有无违犯），并将“密集”和“胜乐”二部根本密法各讲一遍。这时，大师向会聚在这里的众弟子问道：“你们中间有哪位能继承我讲授的密集续的传统，建立密宗道场？”连问两次，竟无一人敢回答。这时只见大师的高足喜饶僧格从会场中站起来，向大师顶礼三拜后回答道：“继承密续传规之事正合至尊大师之意，由我来继承。”语气是那么自信而肯定，别的学者和弟子们也以怀疑的眼光看着他。宗喀巴大师却十分高兴地为他作加持，并将一件内供颅骨、自己编著的《集续四合大疏》、两部密续注释、生圆经文、掘藏法王面具、跳神舞衣、短杵羂索等圣物交给他，委任他为无上密宗之主，并预言道："你到后藏地方去宣讲密续经论，将会有一夜叉女转世的女人作主要施主，以后会有许多瑜伽弟子出现，在那里创建密宗讲修道场，弘传父续母续等密法，使密法修学僧沐浴到密宗法的甘露。"

宗喀巴大师的这位密宗高足喜饶僧格（ཤེས་རབ་སེང་གེ）（1382～1445年），是后藏日喀则地区西南色地方的古尔玛村人，14岁时剃度出家。有一次他正在诵经时，眼前出现了一位身着鹅黄色袈裟、头戴黄色僧帽、手持禅杖钵盂、面容慈祥且微笑的人，给他作了加持。这是以后与宗喀巴大师相见的预兆。他在后藏一带的寺院中广参名师，遍学显密经论。20岁在纳塘寺受比丘戒，21岁时，因先前有预兆和法缘之故，加之对宗喀巴大师的美名盛誉耳闻已久，决心离纳塘寺去前藏噶丹寺拜谒宗喀巴大师。到拉萨后，先去大小昭寺朝圣、巡礼、祈祷。到噶丹寺时，适逢大师为前来求法的卫、藏、康众格西讲经说法，遂在森康嘎波（白色寝宫）中拜见了大师。一见大师尊颜，喜饶僧格即产生了如同见佛的感觉而敬信得五体投地。自此，在大师尊前专心致志地聆习《菩提道次第论》等多部显密正法。之后，遵大师之命，先后到觉摩隆寺、桑普寺从师，主要学习显宗经论。他在桑普寺为格敦朱巴等许多格西首次转法轮。这时，他放弃了以前信仰的萨迦派而改信格鲁派。后师从克珠杰听受"时轮"和"大威德法之灌顶"法类，尤其在宗喀巴大师处聆习了《吉祥密集之本续释续六种》及与之相融合的《明灯论》、大师撰写的《本论及旁注》、略义、集密诀窍、五次第明灯论、胜乐注释、时轮、喜金刚、怖畏金刚等密宗经论后，研修成为精通密宗的学者、宗喀巴大师的得意密宗弟子。在色拉寺被大师选定为弘传密宗法的密主后，喜饶僧格带上大师所赐密宗经典和密宗法器去后藏传法建寺。他首先到后藏的"狮子顶山"，当地的官夫人作施主，她就是宗喀巴大师授记的夜叉女。于是，喜饶僧格在那里的寺院中讲说密法以及设置坛城。之后来到自己的故乡色地的噶丹颇章，由色·仁钦孜巴任施主，创建了密宗经院，将宗喀巴大师的《集续四合大疏》密典献给密宗经院作为主供圣物，委任杜那巴·华桑布为经院堪布，主持密法讲修事宜。之后，从此地传出的密宗，称“色派密宗”，在后藏影响较大，所以又称藏派密宗，该密宗经院也培养出了不少密法高深的大师，讲传密宗的风气至今兴盛不衰。喜饶僧格在后藏传法建寺后又来到前藏噶丹寺，当时噶丹寺中除阳巴金密殿外，没有专门的密宗学府机构。水牛年（1433年），喜饶僧格在拉萨大昭寺东面的木汝寺（又名木鹿寺）内创建了下密宗经院，这座经院是格鲁派在前藏主要修学密宗法的道场。后来，喜饶僧格的弟子贡噶东珠在小昭寺内创立了密宗经院，称上密宗经院。以后康区、安多、蒙古等地建立的格鲁派寺院中，大多设有密宗经院，佛堂里也会供有密宗大师喜饶僧格的身像。

大师在色拉寺讲经作法，并选定继承密法之主。

宗喀巴大师在色拉寺选定密宗传承人后，可以说又了却了一桩心事。遂从色拉寺起身，前往噶丹寺，途中为了广结未来的善缘，任何地方的邀请，只要不重复，他都以慈悲应赴。当时受扎嘎宗的宗本（头人）之请，到大乐顶讲经，法会中大师告诉扎嘎宗本说：“大乐顶是块极为清静的善地，你应当在这里建一座以戒律为基础的密宗道场，并赐予建寺所需之物品。”扎嘎宗本怀着极深的信仰立即动工兴建，并请大师预先作开光仪式，大师回答说：“应该的，现在如果不作开光，将来恐怕没有机会

宗喀巴大师的密宗高徒喜饶僧格在后藏传法

了。”开光后，大师又前去德钦地方，住在珠西寺。大师一行从德钦返回噶丹寺后，即刻上阳巴金密殿，告诉众弟子说：“你们赶快陈设供品，现在我要修密法供养，这地方我再无法常来了。”大师于如来圣像前和集密、胜乐、金刚界等三大曼荼罗前供养完毕，应施主们的恳请，又到噶丹寺大殿接受供养。此时，大师为使正法永驻，现世、后世得到究竟圆满，虽无人请说，但他自动为大众广讲《极乐发愿文》。

十九、宏愿满功德无量　兜率天即身成佛

宗喀巴大师把救度众生的事业圆满完成后，于十月十九日回到噶丹寺自己的寝宫中。他安坐后，静思道："如今该做的诸事已经告罄，我心得到究竟安稳矣！"

为了令众生对"无常"有所体悟，大师于当天午夜示现轻微病容。次日早晨，所有僧众唯恐失去法主，急忙诵经做法事，祈祷大师住世。下午，大师告诉大众他全身稍有疼痛。翌日中午又出现昏迷状态，众弟子一直勤修祝福佛事。第三天晚上，大师对夏巴·仁钦坚赞说："今后你要和克珠杰好好主持寺院啊！"十月二十三日，持律师扎巴坚赞和贾察杰·达玛仁钦来到大师床前守护，贾察杰请求道："上师对我等示语。"大师说："关于教法如何护持弘传之事，之前已作过明示，现在没有必要重复。"说罢，将自己的黄色通人冠放到贾察杰的怀中，并授给他一件法衣（意思是要他继承法位，即法王灌顶），说："你应当明白此事的密意，好好修菩提心啊！"这是大师一生中最后的教授。自此以后，大师之病逐渐显露，但即使是最严重的时刻，也仍然修四座瑜伽法而不间断。他还为胜乐金刚轮作了一次供养。十月二十四日下午，大师自己穿好三法衣后，于法垫上结金刚跏趺坐，端正身躯，双手作入定印。后半夜，虽出现种种预兆，但侍奉弟子唯恐惊动大师，都未敢请问。十月二十五日黎明时分，星光欲隐，东方鱼肚色显出，朝阳初露山头之时，大师遂入大

噶丹寺僧众悼念宗喀巴大师善逝

定。三界法王、人天导师在噶丹寺自己的寝宫中示现涅槃相，圆满善逝。

据说大师圆寂前，身体现出圆满相，成为内外通明之光明幻体。面如满月，容光焕发，全身找不到一丝一毫的皱纹，犹如12岁童子文殊之身相。这时，大师身上发出的光明，众人所见都不相同，有人见为红黄色，有人见为黄白色，更有人见为真金色。大师住光明定时，天空异常澄净，丝毫没有一点云翳。圆寂后49天中，也无微风飘摇，因此大众所供酥油灯，虽然充满雪域整个寺院内外，却从没有出现过灯焰倾动或熄灭之事。每当夜阑人静时，空中时常传来微妙悦耳的天乐声；五彩缤纷的花朵频频由空中散落，纷飞如雨；洁白如雪的天花，从空中降落时，宛如满天明星纷纷下坠一样；光辉闪闪的白虹，有的形如伞盖，有的状似悬幡；寺院上方出现洁白色的光柱，如幢幡挂空；寺两旁及寺前，祥云聚集，布满五彩霞光，蔚为壮观。宗喀巴大师圆寂后，一些亲炙弟子因失去怙主而痛哭流涕，荒废了闻思修。克珠杰立即纠正说："我们应该遵大师之教诫，远舍世间习俗，随顺佛陀教法，遇到生死无常时，应深生怖畏厌患，一心欣求

宗喀巴大师示现圆寂，往生三界兜率天。

出离，励力勤修教证二法，圆满大师的宏愿，就是对大师最大的供养。”

对于大师的遗体，上首弟子们都认为留下肉身，对正法弘扬会有大的饶益，对此，以前文殊菩萨也这样授记过。所以为安置大师遗体，四方信众供养了十八升白银，合900两，精制了一座大银塔。塔身用无量宝石来庄严，先将遗体奉安于一座用檀香木做的精致坐棺（ཙོག་སྒམ）中，遗体不断散发出戒香，再将坐棺装入大银塔中。大师圆寂法会后，大银塔被迎请到噶丹寺阳巴金二层殿内奉安。遗体正面朝着止贡梯寺方向，背对着后藏方向，这样奉安了人天大众神圣福田；又遗体面向东北而作观照，这表示从多康上下区直至内地、蒙古广大领域中，是黄帽教法兴盛宏昌的缘起；遗体背靠西方而作观照，表示以后从上方到边区不发生战乱等的缘起。之后由乃邬东和止贡为主的施主和众弟子们供献上千两的金银作基金，另外，还从各方募化了许多红铜，铸造了大师宝像，铜像镏金，其身量比大昭寺释迦牟尼像还高一寸。佛像善美庄严，大银塔和大师宝像同奉安于一殿中。这些工程于金鼠年（1420年）内圆满告竣，并举行了隆重的开光仪式。当迎请宝像和灵塔入殿时，天空遍布彩虹，普降天雨瑞花。

大师圆寂后的次年十月，噶丹寺诸位金刚阿阇黎和数百名僧众修持多种密法，广行供养。供养法会的当天和次日，空中飘落各种颜色的宝花，花色如珍珠，晶莹剔透，花分六瓣，花梗俱全。十月二十五日，正是大师圆寂一周年的纪念日，这一天，空中不断飘落更多、更大的宝花，以白色为主，花落到地上，犹如十二月的瑞雪。自此以后，直到现在，凡西藏、青海、甘南、康区、云南迪庆直到内蒙古及内地，凡是格鲁派大小寺院，每年十月二十五日那天都会点燃几百盏、几千盏，甚至上万盏的酥油灯及供品，纪念供养。这个纪念法会被称“五供节”，又称“燃灯节”。

二十、克珠杰悲心祈求　圣大师再现化身

藏传佛教中称“五照见”(གཟིགས་པ་ལྔ་ལྡན)

宗喀巴大师的第一种化身：头戴黄色通人冠，身着三法衣，面容饱满慈祥，双手在胸前作说法印，半跏趺骑在白象上。这个幻化之身是由随缘教化而出现的。

有一次，宗喀巴大师的上首弟子克珠杰为大众讲经时，见一般众生贪著五欲、驰逐恶法，不愿好好学习正法，有一部分人虽然发心修学菩萨道，

受克珠杰的至诚启请，宗喀巴大师骑六牙白象降临。

奈何缺乏抉择正法的慧眼，又有一部分人，由于福德微薄，遂随诸恶友，亲近恶知识，虽有好心，徒招苦果。他感到无限悲哀，眼泪不觉扑簌簌地流下来。回到寝室后，克珠杰于密坛前，想起这些愚痴众生外无具德善知识的指导，内又有烦恼而产生种种颠倒妄想，“尽管大师的显密教法，全部远离极微的错误，然而由于众生不具夙根，我虽日夜不停地讲说，他们却仍然无法领受。甚至有人去亲近恶知识、听闻一些邪命的教法，这是多么悲哀的事啊！”克珠杰想到这里，泪如雨下。遂陈设无量上妙供品，向大师殷重至诚祈祷。刚祈祷完毕，就见宗喀巴大师骑着一头色白如雪、诸宝严饰的六牙大象，降临在对面的虚空中。大师面带微笑，说：“徒儿啊！你不必忧苦，众生如能时时忆念上师之种种功德，必能消除过去的罪恶，并积聚无边福德资粮。我们师徒的意志，根本是极善的。你这种情形，就像瑜伽自在米拉日巴忆念玛尔巴上师一样，极为难得。今后，你当广弘我的教法。”

宗喀巴大师的第二种化身：大师头戴黄色通人冠，身着三法衣，面相略显苍老，右手握住托起智慧剑的莲花茎，左手捏着托举经书的莲花茎，半跏趺坐在由许多天子擎持的用珍宝严饰的纯金宝座上。

宗喀巴大师坐于众天子擎持的宝座上示现，为克珠杰广释诸疑。

此化身是克珠杰遇疑难祈祷大师现身作教导释疑而缘起的。某日，克珠杰于显密二教的甚深扼要之处，有难以解开的疑惑，因此忆念大师：“要是师尊现在还在世，我就有机会向您请教，而且会得到圆满解决，然而师尊现在不在人世，还有哪一位会为我排疑解难呢？我多么急切地盼望见到您，您在哪里呢？”他越想越悲切、越渴望。于是献上妙供，涕泣启问于大师。刹那间，大师突然现身，坐在无量摩尼真珠严饰的纯金法座上，由许多天子擎持而至。大师为克珠杰广释诸疑，并开示种种教诲教诫，然后飘然离去。

宗喀巴大师的第三种化身：头戴五叶宝冠，佩戴耳环、项链、手镯，长发披肩，上身袒露，皮肤黄色，身披绿色帔帛，下身着裙，面相文静，双手胸前结说法印，侧身骑着仰头白狮。

一次，克珠杰在捧读大师所著的《菩提道次第广论》和《密宗道次第广论》时，深感大师之善说，总能清晰讲授大乘佛教一切显密经论的要义，并将任何修学佛学的人，从初发心依止善知识，到成佛的所有阶梯都详尽列举，次第明朗，毫无妄图一蹴而就的弊端。克珠杰心想：“除了我那文殊菩萨化身的师长，全世界的大善知识都无法做这样正确明了的善

宗喀巴大师示现文殊菩萨像，骑着一只洁白狮子，从空中降临。

说。”想到这里，勾起心中无限哀思，想起上师的无量功德与恩泽不禁泪流满面，向大师恳切地祈祷。这时，大师身色红黄，现文殊菩萨像，骑着一只洁白的雄狮，出现在面前。教诲说：“徒儿莫要悲伤，我为你说一法：浊世众生的种姓各种各样，尤其是都不念死无常和三恶道苦，只贪图名誉利养和一般衣食之事，能想到未来后世将如是转变者，已寥若晨星。我是向上师本尊猛厉祈祷，集资忏罪，渡过诸大论的大海，而且细阅辨析经论的诸著述，并且生起信念专一精修，佛果才掌握手中。然而现在能这样做的人有几个？虽然如此，世间仍有少数根器机缘者，你应不辞劳苦地去利益他们，尤其更应弘扬我的密宗诸著述，后世中是能很快见到我的。”

宗喀巴大师的第四种化身：头戴骷髅冠，佩戴大耳环、项链、手镯、臂钏、脚镯等，上身袒露，从右肩到左腋披圣带，弯眉大眼，留络腮胡。右手高擎智慧宝剑，左手当胸托着盛满甘露的颅钵，骑着猛虎。

一次，克珠杰曾因忆念大师深恩，涕泣伤感。因此虔诚祈愿大师说：“至尊上师请对我眷顾！请对那些粗野行为的有情眷顾！您的说法，有如空中之闪电，亦如海市蜃楼般地即将隐没，我于何时能到上师之足前呢？”克珠杰祈祷完毕，只见大师骑着一只猛虎，示现瑜伽士装束，右手

宗喀巴大师右手高擎火焰剑，左手捧着装满甘露的颅器，乘猛虎而来。

高擎火焰剑，左手捧着装满甘露的颅器，赤红发上束蓝绸，以骨饰为庄严，身旁由80位大成就者前后围绕。大师极其喜欢地说："徒儿心勿不安！我非汝不想，你除我谁也不念。留下你我何处也不去，念我时，可详阅以显密两种道次第为主的诸论述。总之，诸有情的福分已很薄弱，而烦恼极重，教法已开始结尾，你想来空行刹土的愿望就要实现了。"

宗喀巴大师的第五种化身：头戴象征格鲁派的黄色通人冠，身着三法衣，面相年轻。双手于胸前结说法印并握青莲花茎，左右肩分别托着经典和宝剑，金刚跏趺坐于莲花月轮上。左侧站立的天女面朝大师，手举大

宗喀巴大师坐于莲座飘然而至，指示克珠杰做前往刹土的准备。

扇；右侧站立的天女双手供奉盛满甘露的钵盂。

此化身是克珠杰启问大师现住于何处，何时能与大师相见而缘起的。有一次，克珠杰心想："似乎我现在应当作逝去的愿望了，现在应祈请师尊到来，再乘机问他住于何处。"于是他陈设纯金曼荼罗盘等无量供养，祈请道："师父，三世之佛尊！无怙之唯一皈依处，务必的至尊文殊金刚持！"很长时间后，宗喀巴穿着往日出家服装，坐在白云堆中前来说道："徒儿，现在快做前往刹土的准备，我会派人来迎接你。"克珠杰问道："师尊您现在到底在哪里？"大师回答道："我的化身很多，遍于空行刹土、兜率、南瞻部洲等处。如今我在内地五台山依化身每天为1 800位修学密法的比丘宣讲，上午宣讲中观和道次第，下午宣讲密宗、胜乐、大威德三尊的生圆次第。你应该发愿到这里来，不久你我师徒即可相会了。"

二十一、几贤哲献礼启请　著圣书千古流芳

曾有法王译师、堪钦·苏普哇、直贡法王等前后藏不同宗派的几位大师、大德为宗喀巴大师献上优质哈达，请求大师著述《菩提道次第广论》等著作。

宗喀巴大师一生著作颇丰。四川德格印经院和青海塔尔寺印经院的木刻版计十九涵，170余种；拉萨三大寺和布达拉宫中皆有木刻版，有的为十九涵，有的为十八涵；后藏纳塘寺印经院和扎什伦布寺以及甘南拉卜楞寺、卓尼寺印经院等都有木刻版。形成十九涵和十八涵的主要原因是由于刻板和编目的不同，并非是以著作的多少而定。

1. 1376～1377年，大师20岁时著成《本生善缘篇》，又名《善说大海》一书，这部论著是大师17岁入藏以来所从事的唯识论研究的总结，比较系统地反映了他对唯识思想的具体看法。

2. 1382年，25岁时著有《妙音佛母赞》。主要以诗歌的形式赞颂妙音天女的圣容、功德及深广的智慧。

3. 25岁时又撰写了《金厄哇·扎巴绛曲传悟解妙高山》一书，被噶举派僧众誉为不可多得的修饰辞章。

4. 1387～1388年，31至32岁时著成《现观庄严论狮子贤释广疏》，简称《善说金鬘》，是对《现观庄严论》一书的详细讲解，先后用了两年时间著成。

5. 1398年，42岁时著有《缘起颂》，又称《缘起赞》。这部书主要论述了大师对缘起性空的见解。

6. 1400年，44岁时著有《道情歌集》一书。

7. 1402年，46岁时著成《菩提道次第广论》名著，《菩提道次第》有广、中、略三种，此为《广论》。书中概括一切显乘道次为三士道次，以阐明全部佛说经义，也就是说将佛说八万四千法蕴精汇于此书。同时著有《菩萨戒品广释》《密宗根本罪释》《事师五十颂释》等论著。三部注释作品，主要论述大乘戒的思想。

8. 1404～1406年，48岁至52岁期间，著成《密宗道次第广论》名著，又名《胜遍至大金刚道次第开显一切密要论》或《德胜主大金刚道次第开显一切密要论》。这部论著概括了密乘四部一切修道次第，并以无上瑜伽部为重点，对密乘四部的修行次第、仪轨、方法、法器使用等方面作了详细论述。

9. 1408年，52岁时著成《辨了不了义论》《中观论广释》二部论著，其中《辨了不了义论》是大师除《菩提道次第广论》之外的另一部阐述中观思想的重要著作。

10. 1411年，54岁时，著成《五次第明灯论》和《五次第圆座导释》两部著作。

11. 1414年，57岁时著成《集续四合大疏》密典，这部著作是将《鲁赫巴师传胜乐轮大疏》《圆满次第四瑜伽导释注解》《密集金刚根本续》《密集续明灯论》四部密典作了修定注释后合编而成的。

12. 1415年，59岁时，在本尊文殊的开示下，撰成《菩提道次第略论》一书，是《菩提道次第广论》一书的缩写本，但《略论》中多以问答解难的形式来讲述中观见解，更具有指导实践的意义。

13. 1418年，62岁时著有《入中观论广释》，这是一部指引人们深入理解圣龙树《中观论》的入门书。

14. 1419年，63岁时著述《密集根本续广释明灯论》和《胜乐轮根本注释》二部密典。

15. 宗喀巴大师还有两部自传，其中一部《宗喀巴传广释》，大师写成传记后由其弟子阿旺强巴作了注释；另一部是《宗喀巴自传注解》，后由高足贡汝坚赞进行了详注。这两部传记为何由弟子作注释呢？据说两部自传的写作体裁为散韵相结合，一般读者难以读懂，因此皆作了注释。这两部自传是否尚存于世，不得而知。

16. 宗喀巴大师的《诗文散集》，共收有130余篇文章，其中120篇为诗歌，其余为散记。这些诗歌包括赞颂、祝愿、劝化等内容，其中以赞颂诗为多。赞颂约有40余首，分为赞颂佛陀、菩萨和赞颂先贤、上师两类。一些著作中对此说，宗喀巴大师有四赞，称“宗喀巴四大赞歌”，四赞分别是赞颂佛世尊的《缘起赞》、赞颂弥勒的《慈氏赞》、赞颂文殊菩萨的《云海赞》和赞颂尊胜佛母的《三界众生如意赞》，加上《妙音天女赞》共五赞；另外对阐化王扎巴坚赞、金厄哇·扎巴绛曲和来涵的蒙古王子等人亦作了赞颂。据说《宗喀巴传·黄金灯》一书中有大师赞颂自己故乡的“宗喀赞颂”的诗歌，还有对神山圣湖等自然风光的赞颂诗文。从上述著作不难看出，宗喀巴大师不仅是一位学识渊博的杰出佛学家，还是一位有名的藏族诗人、艺术家和语言学大师。

由于上述原因，他的弟子和其他一些高僧及后世学者为了纪念大师，皆纷纷为他著书立传，仅笔者搜集到的传记目录就有27种，整理如下：

1. 克珠杰著《宗喀巴传·起信津梁》，俗称《宗喀巴小传》，已由青海民族出版社出版发行。

2. 克珠杰著《宗喀巴大师密传》，15世纪著成。

3. 道丹·绛白嘉措著《宗喀巴大师传·嘉言集》。

4. 道丹·绛白嘉措著《宗喀巴大师摄传记正论》。

5. 嘉央却杰华旦著《宗喀巴大师密传祈祷文》。

6. 勒仁巴·奇美饶杰著《宗喀巴大师传·黄金灯》。

7. 勒仁巴.奇美饶杰著《宗喀巴大师传·金苗论》。

8. 贡嘎·德勒仁钦著《宗喀巴大师传略信岸》。

9. 阿里·嘉央释迦宗、加央·尼玛丹贝坚赞著《宗喀巴传具缘莲花盛开之日》。

10. 罗哲勒桑巴著《宗喀巴密传・大宝鬘》。

11. 达察・罗桑图旦旺秋著《宗喀巴传一百零八稀有史事》。

12. 金厄哇・罗哲坚赞著《宗喀巴大师赞》。

13. 乃宁巴・贡嘎德勒著《宗喀巴传・诚信之岸》。

14. 绒哇・却吉嘉措著《宗喀巴大师传・妙花束》。

15. 扎果饶贤巴著《宗喀巴大师传稀有悬记之音乐》。

16. 修纳多杰著《宗喀巴大师历代转生史悬记》。

17. 佚名《宗喀巴大师传・黄金鬘》。

18. 喀那译师著《宗喀巴大师传》。

19. 班钦・罗哲勒桑著《宗喀巴传极密卓越史事之喜宴》。

20. 班钦・罗哲勒藏著《宗喀巴大师密传》。

21. 加央・却杰扎西华旦著《宗喀巴大师密传・宝穗》。

22. 《宗喀巴大师自传注解》，由弟子贡汝坚赞注解。

23. 《宗喀巴自传广释》，由弟子阿旺强巴注释。

24. 一世嘉木样协巴著《宗喀巴传布绘造仪心・ 宝鬘》。

25. 察汗尔・洛桑次诚著《至尊遍知宗喀巴传浅说一切安乐之源》。

26. 罗桑・赤列南嘉著《文殊怙主法王宗喀巴大师传》。

27. 夏琼寺卸任堪布达东・罗桑却央著《宗喀巴大师传》。

附录：

宗喀巴大师的主要传法上师和法脉传承者

在显宗经论方面的主要传法上师：

1.法王端智仁钦（为启蒙上师），显密皆传，主授藏语文。

2.仁达哇·循努洛哲，此师是宗喀巴大师在修学显宗经论方面的主要传授者，许多显宗经论从该师处尽得其传。

3.邬玛巴·尊哲僧格主传《中观论释》。

4.止贡梯寺法王金厄哇仁波且，主传那若六法、大手印法等。

5.采贡塘寺的贡却嘉布，主传藏医学。

6.聂塘极乐寺的云丹嘉措和邬金巴传《现观庄严论》。

7.丹萨替寺的扎巴绛曲主传道果、噶举派经论。

8.南木桑哇，传授声明、诗镜、粉板字等。

9.觉摩隆寺的罗赛，主传毗奈耶、俱舍、律经等。

10.萨桑玛德班钦，主传声明论等经论。

11.南喀桑波，主传声明集分论、诗镜等。

12.嘉仁巴，主传俱舍论等经论。

13.端桑巴，主传《因明论释》等经论。

14.索南仁钦，主传《现观庄严论广释》。

15.大德坚赞扎巴，显密皆传。

传授密宗经论的主要上师是夏鲁寺的布敦·仁钦朱大师的几位高足，同时还有其他寺院的善知识：

1.夏鲁寺仁青南杰，主传胜乐灌顶、红阎曼德等法。

2.主管却约·瑜伽师泽旺，主传胜乐法类。

3.瑜伽师贡桑，主传密宗绘图、弹线、结手印、音调、曼荼罗仪轨、舞姿等密宗方面常用知识。

4.夏鲁寺琼波勒巴·循努索朗将瑜伽部诸大曼荼罗为主的下部密续经教、胜乐轮鲁赫巴和纳波巴传规等无上大密全部传授给宗喀巴大师，并为他授密法灌顶。

5.采寺的道丹·益西坚赞，主传《时轮广疏》。

6.日喀则帕巴格培寺的德钦·却吉巴哇，主传《金刚心要释》《金刚手上集释》《那若法门广释》。

另外一些上师传授显宗的同时亦传授密宗法类。还有三位与宗喀巴互相传法的上师，他们分别是邬玛巴·宗哲僧格，密宗号多丹·华沃多杰；洛扎·南喀坚赞，为噶当派菩提道第33任传承者；山南涅区赫赫有名的堪钦·却吉桑波。

法脉传承者据载有3 000余人，下面将主要高足列名作简介：

前期八大弟子：

贾察杰、克珠杰、格敦朱巴、扎巴坚赞、察柯·阿旺扎巴、多道·扎巴罗哲、董东·咱那室利、格西夏敦。

后期八大弟子：

多康四人：道丹·绛白嘉措、喜饶扎巴、绛贝扎西、华郡哇。

前藏四人：绛嘎巴、桑郡哇、仁钦巴、绛森哇。

还有事业广大之五人（其中喜饶僧格是弘传密法的高足），教法明灯十人，利他事业者六人，被明朝皇帝御赐法王的释迦益西和绛达玛二人。还有两位多闻学者的弟子是大师的侄子，即玛久·南喀华和索朗南加。